ISBN 978-3-99025-216-1

A-4020 Linz
www.freya.at

Layout: freya_art, Daniela Waser
Fotos: Sabine Perndl, Christina Diwold

printed in EU

Sabine Perndl

Alle Rezepte glutenfrei

Kekse ohne Zucker

QUER DURCHS JAHR

Süßen mit Birkenzucker und Stevia

freya

Inhalt

Rezepte

GLOSSAR

Dirndln = Kornelkirschen

Marillen = Aprikosen

Dampfl = Vorteig

Weichsel = Sauerkirsche

Busserl = Gebäck mit Eischnee

Kipferl = Kipfel, Hörnchen

Krapferl = Kekse aus Mürbteig

Kugerl = Kugeln

Gupferl = halbrunde Kekse

auswalken = ausrollen

rasten lassen = ruhen lassen

überkühlen = auskühlen

Vanillepulver = getrocknete, gemahlene Vanilleschote

Vorwort

Die Neuentwicklung für echte Naturfreunde: Ein Notizbuch in Korkhaut. **CORKSKIN.COM**

Kekse backen ist eine meiner großen Leidenschaften. Mit wenigen Zutaten gelingen sie rund ums Jahr, sind haltbare Zugaben zu Tee und Kaffee und natürlich süße Beute für Naschkatzen. Meine Aufmerksamkeit in diesem Buch gilt jenen Menschen, die an Gluten- und/oder Zuckerunverträglichkeit leiden. Diese Gruppe scheint immer größer zu werden. Erkrankungen wie Zöliakie, Diabetes, Krebs – um nur die schlimmsten zu nennen – erzwingen eine Auseinandersetzung mit gluten- bzw. zuckerfreier Ernährung.

Dass Zucker längst kein harmloses Suchtmittel mehr ist, brauche ich nicht zu betonen, denn jeder, der diese Zeilen liest, ist wahrscheinlich schon überzeugt davon. Zucker gilt unter Experten als gesundheitsgefährdender Stoff, der zu Abhängigkeit und sogar Sucht führen kann. Zucker macht dick, das ist nichts Neues. Da ich auch selbst betroffen bin, backe ich seit vielen Jahren gluten- und zuckerfrei. In diesem Buch stelle ich meine erprobten, schmackhaften und einfachen Keksrezepte vor, die quer durchs Jahr ein wahrer Genuss sind.

Vor dem Rezeptteil in diesem Buch finden Sie Informationen zu den Themen Gluten und glutenfreie Backzutaten sowie Alternativen für Zucker beim Backen. Ich stelle meine wichtigsten Backzutaten vor und selbstverständlich finden Sie viele Tipps aus der Praxis, die beim gluten- und zuckerfreien Backen helfen werden!

Ich wünsche Ihnen viel Spaß und Erfolg beim Nachbacken, süßen Genuss beim Verkosten und begeisterte Rückmeldungen von Ihrer Familie, Ihren Gästen, Freunden und Bekannten!

Herzhaft knusprige Grüße von
Sabine Perndl

Glutenfrei Kekse backen

Glutenfreie Kekse backen

Seit einigen Jahren entsteht in meiner Küche nur glutenfreies Gebäck. Grund für diese Ernährungsumstellung war der gesundheitliche Zustand meines Mannes, der auch eine Glutensensitivität beinhaltete. Ob Glutensensitivität oder Glutenunverträglichkeit (Zöliakie), beide Diagnosen erfordern eine Ernährung ohne Gluten.

Was sind Gluten?

Gluten ist das Klebereiweiß in den Getreidearten Weizen, Roggen, Dinkel, Grünkern, Gerste, Emmer, Einkorn, Kamut, Hartweizen und Triticale, sowie in allen daraus hergestellten Nahrungsmitteln (Pizza, Teigwaren, Brot, Pasta, Kuchen, Kekse, Müsli, u.v.m.). Gluten enthalten bis zu 60 verschiedene Proteine (z. B. Gamma-Gliadin, Glutenin, Gluteomorphine), gegen die unser Körper Antikörper bilden kann, die eine Immunreaktion hervorrufen.

Verwendet man zum Backen kein glutenhaltiges Mehl mehr, braucht man einen ***glutenfreien Ersatz*** für das Mehl und für das Klebereiweiß (Gluten). Wenn keine anderen bindenden Zutaten enthalten sind, fallen Backwaren ohne Gluten auseinander, denn Gluten sorgen für den Zusammenhalt, das „Verkleben" der einzelnen Zutaten.

Pseudogetreide

Der Name „Pseudogetreide" entstand deshalb, weil man manche Pflanzen umgangssprachlich als Getreide bezeichnet, obwohl sie richtigerweise zur botanischen Familie der „Gräser" oder, wie die Sojabohne, zu den „Hülsenfrüchten" gehören. Diese Gräser (z. B. Hirse) sind von Natur aus glutenfrei und lassen sich in Kombination mit natürlichem Glutenersatz wie handelsübliches glutenhaltiges Mehl verarbeiten.

Glutenfreie Mehle

SOJA

Sojabohnen gehören zu den ältesten Kulturpflanzen der Welt und stammen ursprünglich aus China. Sie werden seit rund 5.000 Jahren kultiviert und zählen zu den 5 heiligen Körnern. (Neben Sojabohnen gehören noch Reis, Weizen, Gerste und Hirse dazu). Die Sojabohne ist eine glutenfreie Hülsenfrucht. Sie hat einen sehr hohen Eiweißanteil und darüber hinaus acht essentielle Aminosäuren, die der Mensch zum Aufbau von körpereigenem Protein benötigt.

Außerdem stecken in Sojabohnen die Vitamine B_1, B_2 und E, sowie Eisen und Magnesium. Den sekundären Pflanzenstoffen in Sojabohnen sagt man viele positive Eigenschaften nach. So sollen sie beispielsweise gut für Haut und Haar sein, den Cholesterinspiegel und das Herzinfarkt-Risiko senken und Beschwerden in der Menopause lindern.

Vor allem in den USA, aber auch in anderen Ländern wird genmanipuliertes Soja angebaut. Also Sojabohnen aus biologischem Anbau kaufen.

Beim Einkauf von Sojamehl sollten Sie darauf achten, dass es mit der Bezeichnung *„vollfett"* versehen ist. Das hochwertige, vollfette Mehl entsteht aus der ganzen Bohne, während entfettetes Sojamehl ein Nebenprodukt der Sojaölgewinnung ist!

AMARANT

Amarant ist ein glutenfreies Pseudogetreide. Die Samen erinnern an Hirse. Amarant ist eine der ältesten Nutzpflanzen der Menschheit. Die Körnerfrucht wurde von den Inkas und Azteken bereits vor 5000 Jahren angebaut und diente zur täglichen Ernährung, als Kraftspender und für mythische Zwecke. Amarant ist reich an den Vitaminen B_1 und B_2, an Mineralstoffen und es enthält hochwertiges Eiweiß sowie größere Mengen an ungesättigten Fettsäuren. Außerdem zeichnet sich Amarant durch eine hervorragende Verdaulichkeit aus.Wegen des hohen Kalzium- und Eisengehalts wird diese Gräserfrucht besonders Kindern empfohlen.

Mit gemahlenem Amarant hergestellte Backwaren sind oft klebrig und haben einen intensiven, fast herben Geschmack. Solche Ergebnisse können verhindert werden, wenn man Amarantmehl immer mit einem anderen glutenfreien Mehl mischt und dabei den Amarantanteil gering hält. Ich verwende gerne gepoppten Amarant zum Backen.

BUCHWEIZEN

Buchweizen ist nicht mit dem glutenhaltigen Weizen verwandt. Der Name kommt von der Bucheckernform der Samen und von deren Nutzung als Getreide. Der wichtigste Inhaltsstoff ist Rutin, das die Mikrozirkulation in den Blutgefäßen verbessert und die Gefäßwände positiv beeinflusst. Buchweizen enthält viele Mineralstoffe (Eisen, Phosphor, Kalium, Kalzium, Magnesium, Fluor, Kieselsäure), Vitamin B (B_1, B_2, B_6), Lysin und Lecithin. Buchweizen ist sehr leicht verdaulich und durch den hohen Gehalt der Aminosäure Lysin besonders wertvoll für den Knochenaufbau. Auch Buchweizen gibt es in gepoppter Form.

HIRSE

Hirse ist eine der ältesten glutenfreien Samenpflanzen der Welt. Sie erlebt aufgrund ihres besonderen ernährungsphysiologischen Wertes einen großen Aufschwung. Hirse ist leicht verdaulich und besitzt neben ihrem hohen Anteil an Aminosäuren, Vitaminen (B_1, B_2, A und C) und ungesättigten Fettsäuren die höchste Dichte an Mineralstoffen (Kieselsäure, Magnesium, Kalium, Kalzium, Phosphor, Fluor und Eisen) unter allen Getreidearten. Hirse ist eine sehr gesunde Pflanze: Die Mineralstoffe sind günstig für das Knochengerüst, gegen Haarausfall und brüchige

Nägel und auch zur Erhöhung der Sehkraft. Die wertvollen Inhaltsstoffe finden sich bei der Hirse im ganzen Korn, nicht nur in den äußeren Randschichten.

MAIS

Mais ist glutenfrei und wird als eines der wichtigsten Getreide angesehen, von dem jährlich um die 750 Millionen Tonnen produziert und zu Nahrungsmitteln, aber auch zu Tierfutter und in der Energiewirtschaft verarbeitet werden. Der Anbau von Mais ist umstritten, weil er große Mengen an Dünger und Pestiziden verlangt. Konventionelle Maisprodukte sind im Allgemeinen stark verarbeitet und ernährungsphysiologisch wenig wertvoll. Mais aus kontrolliert-biologischem Anbau (KbA) wächst ohne chemisch-synthetische Dünger und Pestizide.

Mais besteht zum größten Teil (70 %) aus Wasser. Außer Wasser sind auch Fett, Eiweiß und Kohlenhydrate enthalten. Die Kohlenhydrate setzen sich unter anderem aus Glukose, Fructose und Saccharose zusammen. Mais enthält Vitamine (Provitamin A, B, C, E), Mineralstoffe (Eisen, Kalium, Kalzium, Natrium, Phosphor und Zink) und Aminosäuren (Leucin, Valin, Phenylalanin, Isoleucin und Threonin).

QINOA

Qinoa ist in Teilen Südamerikas auch heute noch Grundnahrungsmittel, das die Inkas als heilig verehren. Das Gänsefußgewächs Quinoa (ausgesprochen „Kienwa“) auch Inkareis, Inkaweizen, Inkakorn, Reisspinat, Andenhirse oder Perureis genannt, liefert hochwertiges Eiweiß und enthält viel Eisen, Kalzium, Zink und Magnesium sowie einen hohen Anteil an ungesättigten Fettsäuren. Die perlenförmigen, winzigen, hellgelben Körner schmecken leicht nussig. Qinoa enthält in der Schale natürliche Bitterstoffe (Saponine) – diese wirken blutverdünnend. Quinoa daher vor der Weiterverabeitung gut abwaschen. Ich mische Qinoa (wie Amarant) gerne mit anderen Mehlen. In den Handel kommen (aus konventionellem Anbau) bereits bitterstoffarme Sorten, bei denen im Ursprungsland mit mechanischen Methoden die meisten Bitterstoffe entfernt wurden. Hersteller von KbA angebautem Qinoa raten wegen der Bitterstoffe von einer Verwendung für Säuglinge ab.

REIS

Reis ist eines der wichtigsten „Getreide". Er wird von einem Großteil der Menschheit als Grundnahrungsmittel verwendet. Das Reiskorn besteht zu 75 % aus Stärke. Es ist reich an Mineralstoffen (Kalium, Kalzium, Magnesium, Phosphor), Vitaminen (B, E), Fetten und Eiweiß. Reis ist natriumarm und eignet sich daher zur Entwässerung des Körpers bei Übergewicht und Bluthochdruck, bei Nierenerkrankungen, Rheuma, Ödemen sowie Herz- und Gefäßleiden.

TEFF

Teff, auch als Zwerghirse bezeichnet, ist ein äthiopisches, glutenfreies Getreide. Man kann sagen, dass es das kleinste Getreide der Welt ist. Die Samen sind reich an essenziellen Fettsäuren. Diese Hirseart ist die wichtigste Nahrungsquelle Äthiopiens, wo es zu Fladenbrot und Bier weiterverarbeitet und als Viehfutter verwendet wird. Teff enthält viel Eisen, Fasern und mehr Kalzium, Kalium und anderen essentiellen Mineralstoffen als anderen Getreidearten. Die Aminosäuren-Zusammensetzung (Lysin, Leocin, Cystin, Theanin) von Teff ist bemerkenswert und liegt über dem Wert von Hühnereiweiß. Einen besonderen Stellenwert hat der hohe Lysingehalt. Die Kombination von Lysin und Kalzium ist von großer Bedeutung für Wachstum, Aufbau und Regeneration von Muskelgewebe, Sehnen und Knochen. Leucin unterstützt die Fettverbrennung und verhütet Muskelschwund.

Natürliche Bindemittel als Glutenersatz

Welches Bindemittel Sie verwenden ist Ihre persönliche Entscheidung. Ich verwende in meinen Rezepten fast ausschließlich Pfeilwurzelmehl – mein Lieblingsbindemittel – welches aber durch die gleiche Menge Guarkernmehl, Johannisbrotkernmehl oder auch Chia ersetzt werden kann. All diese pflanzlichen Bindemittel führen zu guten Ergebnissen.

PFEILWURZELMEHL

Pfeilwurzelmehl bzw. Marantastärke oder Arrowroot wird aus der getrockneten Wurzel der südamerikanischen Knollenpflanze Maranta gewonnen. Pfeilwurzelmehl ist absolut geruchs- und geschmacksneutral, weiß, enthält fast ausschließlich Stärke, ist leicht verdaulich und daher zum Backen sehr gut geeignet. Als Zutat bei glutenfreien Backwaren bindet es den Teig und macht das Backwerk somit stabil und nicht brüchig.

Zu ½ kg glutenfreiem Mehl mische ich 1 TL Pfeilwurzelmehl. Wenn im Rezept auch andere bindende Zutaten angeführt sind (z. B. Eier), kann auch weniger als 1 TL beigemengt werden. Zu viel Pfeilwurzelmehl macht den Teig gummiartig.

JOHANNISBROTKERNMEHL

Es wird aus der Frucht des Johannisbrotbaumes gewonnen, welcher hauptsächlich in den Mittelmeerländern wächst. Es ist weiß, manchmal leicht beige, geschmacksneutral, und so wie das Pfeilwurzelmehl ein pflanzliches Binde- und Verdickungsmittel. Durch seine besondere Quellfähigkeit bindet es Wasser sehr gut und sorgt für Volumen in glutenfreien Backwaren. Im Naturkostladen als Johannisbrotkernmehl, im Reformhaus unter dem Namen Biobin erhältlich.

Zu ½ kg glutenfreiem Mehl mische ich 1 TL Biobin.

GUARKERNMEHL

Guarkernmehl wird aus den Samen der Hülsenfrucht Guarbohne (Schmetterlingsblütler, wie die Bohne) gewonnen, sodass Menschen, die empfindlich auf Bohnen, Soja oder andere Hülsenfrüchte sind, darauf reagieren könnten. Es ist weiß, geschmacksneutral, hat eine gute Bindefähigkeit in glutenfreien Teigen und macht diese locker und luftig.

Zu ½ kg glutenfreiem Mehl mische ich 1 TL Guarkernmehl.

CHIA

Chia-Samen sind die Samen einer mittelamerikanischen Salbeiart, eine Pflanze aus der Familie der Lippenblütler. Sie weisen einen sehr hohen Anteil an Omega-3-Fettsäuren, Proteinen, Vitaminen, Antioxidantien und Mineralstoffen auf. Wenn sie in Wasser eingelegt werden, bilden die Samen eine schleimige Polysaccharidschicht, die ähnlich wie Leinsamen die Verdauung fördert. Ihre Stärke besteht darin, Säuren und Giftstoffe zu binden und auszuleiten. Die Samen sind reich an Ballaststoffen und ein guter Ersatz für Pfeilwurzelmehl und Guarkernmehl.

Mit heißem Wasser vermischt bilden die gemahlenen Samen – wie Leinsamen – ein dickes Gel, welches beim glutenfreien Backen zum Verdicken und Binden von Brot und Gebäck verwendet werden kann.

1 EL gemahlene Chia Samen mit 3 EL heißem Wasser vermischen und quellen lassen, bis ein dickes Gel entstanden ist. Dieses zum Teig *(½ kg Mehl)* geben und die Backzeit um 5 bis 10 % erhöhen.

Praktische Erfahrungen

Praktische Erfahrungen

Als leidenschaftliche Köchin ist es mir wichtig, dass alle meine „Werke" meiner Familie, Freunden und Gästen gut schmecken. Auch ich schätze es, wenn ich mit selbst gemachtem Süßem beschenkt werde. Die wichtigsten Zutaten für jedes meiner Rezepte sind Liebe, Achtsamkeit und Freude. Außerdem lege ich Wert auf die einfache Zubereitung, biologisch vollwertige und möglichst naturbelassene Produkte.

Demnach wähle ich meine Zutaten bewusst und achtsam aus. Viele der Zutaten bekommt man in den gängigen Supermärkten schon in guter Bio-Qualität zu kaufen. Achten Sie auf sortenreine Zutaten (z. B. keine Nussmischungen, kein Vanillin). In den Zutaten meiner Rezepte finden Sie keine Hefe (Germ).

Ich habe beobachtet, dass viele Menschen mit Zuckerunverträglichkeit auch auf *Hefe* negativ reagieren. Nach meinen fachlichen Recherchen war das auch sonnenklar: Der Hauptrohstoff für Hefe ist Zuckerrübenmelasse. Nach der industriellen Fertigung, also wenn sie kauffertig abgepackt ist, enthält Hefe 50 % Zucker.

Backpulver

Ich verwende zum Backen ausschließlich gluten- und phosphatfreies Weinsteinbackpulver. Weinsteinbackpulver besteht aus Stärke, Natron und Weinstein (Kaliumhydrogentartrat). Die natürliche Säure Kaliumhydrogentartrat – der Weinstein – wird aus natürlichen Quellen wie zum Beispiel aus Weinfässern gewonnen. Die im Backpulver enthaltene Säure ist zuständig für die Bildung des Gases, das den Teig „treibt" und locker macht. Die enthaltene Stärke dient zur Erhöhung der Haltbarkeit.

Beim Mischen des Backpulvers mit dem Mehl (ich meine immer glutenfreies Mehl) unterscheide ich zwischen einem frisch gemahlenen oder einem bereits abgepackten Mehl. Frisch gemahlenes Mehl lasse ich gerne einen Tag stehen. Diesen Vorgang nennt man „Ausziehen", dabei verliert das Mehl an Feuchtigkeit und wird dann besser auf das Backpulver reagieren. Bei fertigen Mehlen ist kein „Ausziehen" notwendig, hier kann sofort gemischt werden.

Ein Ausziehen des Mehls ist bei Buchweizenkörner, die ich zu Hause mahle, z. B. nicht notwendig, hier verwende ich das Mehl meistens gleich. Wenn ich mir die Körner aber im Sommer bzw. Herbst beim Bauern hole, dann lasse ich das daraus entstandene Mehl ausziehen.

Butter

Außer Bio-Butter verwende ich keine anderen Milchprodukte für die Rezepte dieses Buches. Bio-Butter beziehe ich von einem nahen Bio-Bauern oder im Biomarkt. Mit dem Kauf von Milchprodukten extensiv gehaltener, „glücklicher" Tiere unterstützen Sie aktiv die umweltschonende Herstellung und bekommen dafür ein hochwertiges Produkt mit hohem Wirkstoffgehalt (z. B. Beta-Carotin), weniger „schlechter" Fettsäuren (ungesättigte), die unsere „Schwimmreifen" am Bauch erzeugen und einem geringeren Anteil Cholesterin. Das sind sicher nur einige Vorteile von biologisch hergestellten Milchprodukten.

Butter-Ersatz

Produkte aus Soja können Milchprodukte bzw. Butter ersetzen. Beim Kauf von Soja-Produkten achte ich persönlich immer darauf, dass der Grundstoff Soja nicht aus Regionen kommt, die grundsätzlich ein sehr geringes Nahrungsangebot haben. In solchen Regionen werden Landstriche gerodet, um Billig-Soja für den Export anzubauen. Diese Vorgehensweise verschärft die Hungersnot. Soja in Bio-Qualität gibt es auch aus

Deutschland und Österreich und eine ressourcenschonende, ökologische Landwirtschaft und Produktion wird mit dem Kauf solcher Produkte unterstützt.

Bio-Pflanzenmargerine ist der beste Buttterersatz, den Sie im Reformhaus oder Bio-Markt erwerben können. Diese Margarine ist frei von Zitronensäure, frei von Emulgatoren und frei von Milcheiweiß, Milchzucker, Gluten und Ei.

Eier

Ich habe das große Glück, meine Eier bei einem Biohof kaufen zu können. Wenn man diese Möglichkeit nicht hat, bekommt man gute Eier in jedem Bioladen und auch in vielen Supermärkten.

Das Ei hat folgende Funktionen im Teig: Das Eiklar macht den Teig locker und löst durch seinen Wassergehalt andere lösbare Zutaten wie zum Beispiel Birkenzucker auf. Das Eigelb dient als Emulgator, es verbindet Butter und Birkenzucker und sorgt dafür, dass sich diese Emulsion nicht wieder entmischt. Ein „Entmischen“ erkennt man, wenn der Teig grieselig wird und sich nicht mehr verbinden lässt. Das passiert vor allem dann, wenn die Zutaten unterschiedliche Temperaturen haben.

Gewürze

Meine Haupt-Gewürze zum Backen sind Vanille, Zimt und ein selbstgemischtes Keksgewürz.

Zimtpulver und Vanillepulver (getrocknete, gemahlene Vanilleschote, nicht das künstliche Vanillin) habe ich immer auf Vorrat, selbstverständlich in kBa-Qualität.

MEINE KEKS-GEWÜRZMISCHUNG:

- je 3 Teile Vanille und Zimt
- je 1 Teil Ingwer, Koriander und Kardamom
- je ½ Teil Nelken und Anis

Mein Rat für jeden, der dieses Rezept nachmischen möchte: Nehmen Sie beim ersten Mal kleine oder besser sehr kleine Mengen und kosten Sie immer wieder, ob es auch Ihrer persönlichen Geschmacksnote entspricht.

Variieren Sie mit den Gewürzen – nehmen Sie von jenen mehr, die Ihnen besser schmecken bzw. die Sie auch besser vertragen. Bei meinem ersten Versuch hatte ich statt Anis Fenchel dabei, den ich jedoch bei der zweiten Mischung wegließ, weil der Geschmack meinen Lieben nicht zusagte.

Schokolade und Kakao

Ich verwende zum Backen ausschließlich rohes Kakaopulver aus Fair-Trade Herstellung, bzw. für Schokoladenglasuren zuckerfreie, dunkle Schokolade mit 100 % Kakaoanteil. Anstatt mit normalem Zucker wird diese Schokolade mit Stevia oder Birkenzucker gesüßt. Stevia-Schokolade gibt es mittlerweile in Reformhäusern und Bio-Läden, die Birkenzucker-Schokolade beziehe ich über das Internet. (Adressen im Anhang). Wenn Sie nicht gänzlich Zuckerersatz verwenden wollen bzw. brauchen, können Sie auch handelsübliche Kochschokolade in Bio-Qualität verwenden, auch diese beinhaltet weniger Zucker.

In der Weihnachtszeit, wenn ich häufig Schokoladenglasur brauche, bereite ich eine größere Menge zu, fülle kleine Mengen in Gläser und stelle sie in den Kühlschrank. So habe ich immer fertige Glasur, die ich nur noch im Wasserbad erwärme.

SCHOKOLADENGLASUR:

- 100 g Stevia- oder Birkenzuckerschokolade im Wasserbad schmelzen und dann 60 g Fett dazu geben und ebenso schmelzen lassen.
- Gut verrühren, kurz überkühlen und glasieren.

Trockenfrüchte

Traditionell hergestellte Trockenfrüchte wie zum Beispiel Zitronat, Aranzini (Orangen), usw. werden durch das tagelange, mehrmalige Übergießen von warmer Zuckerlösung haltbar gemacht. Das Trocknen von Früchten als Methode zum Haltbarmachen hat eine lange Tradition. Hierbei nutzt man den vorhandenen Fruchtzucker. Ich backe ausschließlich mit industriezuckerfreien Früchten. Da bei getrockneten Früchten der natürliche Fruchtzucker-Gehalt hoch ist, braucht man keinen zusätzlichen Geschmacksverstärker in Form von Zucker.

Tauschen Sie die Trockenfrüchte aus den Rezepten beliebig untereinander aus. Falls die Trockenfrüchte zur Verwendung nicht weich genug sind, geben Sie sie in einen flachen Behälter und übergießen Sie die Früchte mit Wasser. Über Nacht kühl stellen (Keller, Kühlschrank).

Falls im Rezept Flüssigkeit verwendet wird, können Sie das entstandene Fruchtwasser nehmen, sonst lassen Sie die Früchte abtropfen und verarbeiten sie entsprechend weiter.

Trockenfrüchte sollten immer ungeschwefelt sein. An den E-Nummern E 220 bis E228 erkennen Sie, ob das Produkt mit Schwefel oder Schwefelverbindungen behandelt wurde.
Bei getrockneten Aprikosen (Marillen) erkennen sie sofort an ihrer Farbe, ob sie geschwefelt sind: Orange Früchte sind geschwefelt, braune, nicht so schön aussehende Früchte sind ungeschwefelt.

Samen und Kerne

Zu den Samen und Kernen zählen zum Beispiel folgende Zutaten: Sesam, Leinsamen, Sonnenblumenkerne, Kürbiskerne, und Mohn.

Samen sind „glutenfreie" Ölfrüchte. Sie enthalten einen hohen Anteil an gesunden Ölen, Mineralstoffen und fettlöslichen Vitaminen.

Mahlen Sie Samen niemals in einer Getreidemühle – sie verklebt das Mahlwerk. Sollte es Ihnen doch einmal passieren, mahlen Sie anschließend Reis, der macht es teilweise wieder gut. Für Samen gibt es eigene Mühlen. In Bio-Läden gibt es meist eine solche Mühle, die man als Kunde benutzen kann.

Nüsse

Nüsse zählen beim Backen zu den Hauptzutaten. Viele Kekse und andere Backwaren sind gerade wegen des hohen Anteils an Nüssen so schmackhaft, saftig und einfach – gut!

Nüsse zählen zur sogenannten „hochkonzentrierten Nahrung". Sie haben eine hohe Nährstoffdichte, was heißt, dass in ihnen viele wichtige Nährstoffe enthalten sind und dass wir nicht viel davon essen müssen, um satt zu werden und mit den notwendigen Nährstoffen versorgt zu sein. Nüsse reduzieren nachweislich das Risiko, an Krebs zu erkranken. Der regelmäßige Verzehr von Nüssen bietet Schutz vor Herzinfarkt, Schlaganfall, Diabetes und ist ein Darmschutz.

Botanisch gesehen gehören die Nüsse zu den Schalenfrüchten bzw. zum Schalenobst.

Nüsse enthalten – im Gegensatz zu anderen Obstsorten – viel weniger Flüssigkeit (Wasser). Dafür viel mehr an gesunden Fetten, Eiweiß, Ballaststoffen und komplexen Kohlenhydraten. Durch den hohen Anteil an Fett zählen Nüsse leider für viele Menschen zu den Dickmachern – die sie aber nicht sind.

Marmelade und Fruchtmus

Alle verwendeten Marmeladen und Fruchtmus sollten zuckerfrei sein. Da in der handelsüblichen „Marmelade ohne Zucker“ fast immer gesundheitlich umstrittene Süßstoffe enthalten sind, mache ich sie selbst. Viele Früchte, wie etwa süße Äpfel und reife Aprikosen (Marillen), brauchen als Marmelade keinen zusätzlichen Zucker. Der enthaltene Fruchtzucker ist für die Süße ausreichend.

Ribisel, Kornelkirsche und andere säuerliche Früchte verkoche ich mit Birkenzucker und Pektin zu Marmelade bzw. Fruchtmus (ohne Pektin). Auch mit dem Gelier-Birkenzucker, den es gibt, gelingt jede Marmelade.

Kekse backen ohne Zucker

Kekse backen ohne Zucker

Die Themen „Zucker“ und „zuckerfrei“ haben viele Aspekte, Theorien und auch Mythen. Ich konzentriere mich hier ausschließlich auf mögliche Zuckeralternativen beim Backen und meine persönlichen Erfahrungen damit.

Dass der weiße Industriezucker der Gesundheit nicht dienlich ist wenn man zu viel davon isst, weiß heute fast jeder. Wir konsumieren fast alle zu viel Zucker – egal welchen. Der schlechte Gesundheitszustand meines Mannes und mein Wissen um die gesundheitlichen Folgen von Zuckerkonsum veranlasste mich, Industriezucker gegen Birkenzucker und Stevia einzutauschen.

Birkenzucker (Xylit) als Zucker-Alternative

Birkenzucker ersetzt in vielen Bereichen meiner Koch- und Backpraxis den Industriezucker. Vorweg noch eine wichtige Information für alle Tierhalter: Birkenzucker (Xylit) kann bei Tieren, speziell bei Hunden, großen gesundheitlichen Schaden anrichten, wenn sie ihn zu fressen bekommen. Also nicht mitnaschen lassen!

Birkenzucker ist ein Zuckeraustauschstoff und chemisch gesehen ein Zuckeralkohol, auch bekannt unter den Namen Xylit oder Xylitol. Zuckeraustauschstoffe sind Kohlenhydrate die süß schmecken, aber einen sehr geringen Einfluss auf den Blutzuckerspiegel haben. Birkenzucker ist weiß und hat eine kristalline Form, die dem weißen Industriezucker optisch sehr ähnlich ist. Geschmacklich ist er neutral.

Der Begriff Birkenzucker kommt daher, weil sich der Zuckeralkohol Xylit in vielen natürlichen pflanzlichen Stoffen, wie auch in der Birkenrinde, finden lässt. Häufig entsteht Xylit auch aus der Buche oder anderen Baumarten. Die industrielle Herstellung ist kompliziert und kostspielig im Vergleich zum herkömmlichen Industriezucker. Ich beziehe Birkenzucker ausschließlich von einem Händler, der ihn aus Finnland bezieht. Dort wird Xylit umweltfreundlich, aus nachhaltiger FSC-Forstwirtschaft, aus Birkenrinde hergestellt (Bezugsadresse im Anhang).

BIRKENZUCKER UND GESUNDHEIT

Birkenzucker hat einige positive Auswirkungen auf den Organismus. Aufgrund seiner antikariösen Eigenschaften wird er von vielen ganzheitlich denkenden Zahnärzten zur Mundhygiene empfohlen. Viele Studien, die bekannteste ist die „Turku-Zuckerstudie", bestätigen den lohnenden Einsatz von Birkenzucker in der Zahnmedizin.

Birkenzucker wirkt sich nicht nur auf die Zähne, sondern auch auf die Knochen positiv aus. Angeblich verbessert sich die Knochendichte und der Mineralstoffgehalt in den Knochen. Dies wird durch verschiedene Studien (Quellen im Anhang) bestätigt. Außerdem wirkt sich Birkenzucker positiv auf den Blutzucker aus. Er beeinflusst ihn kaum und wird mit sehr geringem Insulinaufwand abgebaut.

BIRKENZUCKER BEIM BACKEN

Birkenzucker kann ebenso wie Industriezucker verwendet werden. Häufig wird empfohlen, den Industriezucker 1:1 durch Birkenzucker zu ersetzen. Meiner Erfahrung nach ist dies dann immer eine Spur zu süß. Es genügt, zwei Drittel der angegebenen Zuckermenge zu ersetzen.

Steht irgendwo: 150 g Industriezucker, sind stattdessen 100 g Birkenzucker zu nehmen.

Zu viel Birkenzucker hinterlässt ein unangenehmes Brennen in Mundhöhle und Rachen, ähnlich wie bei zu viel Traubenzucker.

Das langsame Umgewöhnen des Körpers von Industriezucker auf Birkenzucker ist wichtig, obwohl der menschliche Körper bei der Verstoffwechselung von Kohlenhydraten eine kleine Menge Xylit erzeugt, und Xylit kein körperfremder Stoff ist.

Birkenzucker kann abführend wirken, wenn zu viel (mehr als 0,4,g/kg Körpergewicht) davon gegessen wird. In der Praxis bedeutet das, dass anfangs 1 Stück Kuchen ausreichend ist.

Meine diesbezüglichen Erfahrungen sind, dass Menschen auf Birkenzucker entweder mit leichtem Durchfall reagieren – vor allem dann, wenn ein zu schnelles Umsteigen erfolgt ist – oder gar keine Reaktion haben, auch wenn sie mehr als die empfohlene Menge essen. Wie bei allen Lebensmitteln gilt es auch hier, das „richtige Maß" zu finden, ein Zuviel ist der Gesundheit niemals zuträglich.

Zum Backen verwende ich sehr häufig gemahlenen Birkenzucker, sogenannten Birken-Staubzucker, den es im gut sortierten Bioladen gibt. Günstiger ist es aber, wenn man ihn sich selber mahlt bzw. reibt. Mit einer einfachen Küchenmaschine mit Messereinsatz gelingt das sehr gut.

Die Pflanze Stevia als Zucker-Alternative

Stevia rebaudiana (bot. Name), auch Honigkraut oder Süßkraut genannt, ist eine Pflanze die aus Südamerika stammt und dort seit vielen Jahren zum Süßen und als Heilpflanze verwendet wird.

Lange Zeit war Stevia bei uns nicht zugelassen. In der EU darf Stevia seit 2011 offiziell als Lebensmittelzusatzstoff angeboten werden. Die Blätter des Steviastrauches sind bis zu 30-mal süßer als Industriezucker und enthalten keine Kalorien. Vor allem für Diabetiker ist die Pflanze ein Segen, weil die Süße den Blutzuckerspiegel nicht beeinflusst.

HEILKRÄFTE VON STEVIA

Stevia ist wertvoll für unsere Ernährung – sofern es sich um natürliche Steviaprodukte handelt. In vielen Studien in Frankreich, Japan, Korea, England und Amerika wurden folgende, gute Eigenschaften von Stevia bestätigt:

- Stevia besitzt antibakterielle Kräfte, die das Wachstum von Bakterien und anderen Organismen hemmen (z. B. bei Karies, Zahnfleischentzündung und bei der Wundheilung).
- Stevia wirkt auf Kreislauf und Stoffwechsel ausgleichend, verbessert die Funktion der Bauchspeicheldrüse und fördert die Fettverbrennung.
- Stevia beruhigt das Nervensystem, es steigert die geistige Aktivität und kann sogar bei der Entwöhnung von Genussgiften (z. B. Alkohol, Nikotin, Zucker) helfen.

Die angeführten Eigenschaften können Sie aber nur dann voll nützen, wenn Sie nicht nur die industriell gefertigten Produkte, sondern die ganze Pflanze verwenden. Die für die Gesundheit wertvollen Inhaltsstoffe sind im dunklen Steviasirup und in den ganzen oder pulverisierten Blättern enthalten.

MEINE ERFAHRUNG MIT STEVIA BEIM BACKEN

Ich verwende Stevia in Form von Sirup, getrockneten und gemahlenen Blättern und Steviosid. Da Stevia einen Eigengeschmack hat und – vor allem wenn man zu viel davon erwischt – schnell nach Lakritze bzw. bitter schmeckt, ist es nicht für alle Backwaren geeignet. Sehr wichtig ist das genaue Abwiegen bzw. Messen. Wenn ich mir mit der Menge an Stevia nicht sicher bin, gebe ich es nur nach und nach zum Teig, koste immer wieder und komme so zur für mich optimalen Süße.

Der Geschmack von Stevia ist gewöhnungsbedürftig und darum rate ich davon ab, die ersten zuckerfreien Backexperimente mit Stevia als Zuckerersatz zu machen. Bei einigen Rezepten in diesem Buch ist Stevia als Süßungsmittel angeführt.

Stevia-Gebäck bräunt nicht so schnell und auch nicht so schön. Außerdem sollte man bei Backwaren, die Stevia enthalten, die Backtemperatur um 10° C reduzieren.

Beim Herstellen des Teiges sollten Sie darauf achten, dass Stevia gut mit den anderen Zutaten vermengt wird. Dafür am besten die Eier (oder andere flüssige oder cremige Zutaten) mit Stevia gut verquirlen, bevor Sie die restlichen Zutaten dazu geben.

Mein persönlicher Tipp:

Wenn Ihnen die Menge der Steviaprodukte für ein Rezept zu wenig oder zu viel vorkommt - vorsichtig nach und nach in den Teig mischen und immer wieder kosten. So bekommen Sie das Gefühl für den Einsatz von Stevia und werden immer experimentierfreudiger.

Steviaprodukte selber herstellen

GRÜNES STEVIAPULVER

Im Steviapulver, das aus getrockneten und gemahlenen Blättern besteht, sind alle heilkräftigen Inhaltsstoffe der Steviapflanze enthalten. Steviapulver verliert auch nach Jahren seine Süßkraft nicht und ist deshalb unbegrenzt haltbar, wenn es in einem dunklen Schraubglas an einem dunklen, kühlen und trockenem Ort (nicht im Kühlschrank) gelagert wird. Ich bewahre das Pulver in einer kleinen Streudose auf, so ist es immer gebrauchsfertig.

HERSTELLUNG:

- Getrocknete Steviablätter (entweder selbst gepflückte oder aus der Kräuterhandlung) mit Hilfe einer Küchenmaschine fein pulverisieren.
- Selbstverständlich können Sie die Blätter auch in einem Mörser per Hand zerkleinern.

Das grüne Steviapulver verwende ich hauptsächlich zum Bestreuen von Süßspeisen oder Kuchen. Für das Backen mit Keksen verwende ich lieber Steviaextrakt (Steviosid), da es im Teig fast keinen Eigengeschmack entwickelt.

GRÜNER STEVIASIRUP

Im grünen Steviasirup sind alle Inhaltsstoffe der Steviapflanze enthalten. Der Sirup hat gegenüber dem grünen Pulver den Vorteil, dass keine Steviabestandteile im damit zubereiteten Gebäck sichtbar sind. Der dunkle Sirup hat den stark lakritzeartigen Eigengeschmack der Pflanze.

Grüner Steviasirup
Weißer Steviasirup
Steviosid
Grünes Steviapulver

SIE BRAUCHEN:

- 50 g getrocknete Steviablätter (1 EL gemahlene Blätter)
- ½ l destilliertes Wasser

HERSTELLUNG:

- Das Wasser aufkochen und die Steviablätter dazu geben.
- Bei schwacher Temperatur 4 Minuten köcheln lassen, Topf dabei abdecken.
- Dann die Herdplatte abschalten und den Topf stehen lassen, bis das Wasser-Stevia Gemisch erkaltet ist.
- Abschließend filtern Sie den grünen Sirup in eine gereinigte Glasflasche und stellen sie zur Aufbewahrung in den Kühlschrank.
- Der Sirup sollte innerhalb einer Woche aufgebraucht werden. Haltbarer wird der Sirup, wenn Sie nur 400 ml Wasser verwenden und nach dem Köcheln 100 ml Wodka hinzufügen.

Ich verwende den grünen Steviasirup vorwiegend zum Süßen von Tee, Desserts und ab und zu auch bei Backwaren.

STEVIOSID (STEVIAEXTRAKT)

Die Blätter der Steviapflanze beinhalten – neben vielen anderen Pflanzenstoffen – 4 verschiedene Glykoside, die die Süße von Stevia ausmachen. Das weiße Pulver Steviosid ist das Extrakt dieser Süßstoffe bzw. Glykoside und hat die 200–300-fache Süßkraft wie Industriezucker. Da die Glykoside aber nur ein kleiner Teil der vielen Pflanzenstoffe von Stevia sind, ist im Steviosid nicht die gesamte heilkräftige Wirkung der Pflanze vorhanden, sondern nur ein Auszug. Steviosid gibt es im guten Bio-Fachhandel in sehr guter Qualität zu kaufen und ist für Backwaren gut geeignet.

Sehr wichtig bei der Verwendung von Steviosid ist das genaue Abwiegen. Am besten ist es, wenn man zum Teig zuerst eine sehr geringen Menge Steviosid mischt, immer wieder kostet und so zur endgültigen Süße gelangt. Zu viel Steviosid schmeckt sehr bitter.
Ich verwende diesen Extrakt fast nur zum Backen von Kuchen und Keksen. Aus dem weißen Extrakt kann man sich einen hellen Steviasirup leicht selbst herstellen.

WEISSER STEVIASIRUP

Der weiße Steviasirup ist ziemlich hochprozentig. Dafür ist er lange haltbar (in dunklen Gefäßen).

Für Kinder ist er nur dann geeignet, wenn er zum Backen oder Kochen verwendet wird, da durch das Erhitzen der Alkohol rasch verdampft.

SIE BRAUCHEN:

- 50 ml Wodka
- 5 g (5 gestrichene TL) Steviosid

HERSTELLUNG:

- Das Steviosid wird in einem Fläschchen mit dem Wodka so lange verschüttelt, bis eine klare Flüssigkeit entstanden ist und das Pulver sich völlig aufgelöst hat.
- Zur Aufbewahrung verwendet man am besten dunkle Pipettenfläschchen (50 ml oder 100 ml), da dieser Sirup meist tropfenweise verwendet wird.
- Der weiße Sirup ist im Gegensatz zum dunklen länger haltbar, dafür enthält der dunkle Sirup alle heilkräftigen Pflanzenwirkstoffe.

WENN SIE STEVIA ANSTATT BIRKENZUCKER VERWENDEN WOLLEN:

Wenn nur wenig Birkenzucker angegeben ist, wie z. B. bei den „Bananen-Soja-Busserln“ ersetze ich Birkenzucker durch grünen oder weißen Sirup oder durch grünes Pulver.

Wenn im Rezept mehr als 100 g Birkenzucker angegeben sind, rate ich von Steviaprodukten ab. Die Konsistenz des Teiges verändert sich nämlich stark, was sich nicht nur auf den Geschmack, sondern auch auf den Backerfolg weniger gut auswirkt. Die Menge an Birkenzucker müsste durch andere feste Zutaten ersetzt werden.

Verhältnis von Birkenzucker und Stevia

BIRKENZUCKER	STEVIA
ca. 1 g	1 Tropfen heller Steviasirup
ca. 15 - 20 g	1 ml heller Steviasirup
ca. 200 g	1 gestrichener Teelöffel Steviosid, 1 g
ca. 10 g	1 g grünes Steviapulver
ca. 50 g	1 Esslöffel grünes Steviapulver
ca. 1,5 g	1 Teelöffel dunkler Steviasirup

Kekse entstehen ...

Praktische Tipps vom Teig bis zur Aufbewahrung

Arbeitsplatz und Arbeitsgeräte

Es versteht sich von selbst, dass der Arbeitsplatz sauber sein muss. Wenn Sie für Menschen mit Glutensensitivität oder Zöliakie backen ist es doppelt wichtig zu prüfen, ob alle Rührschüsseln, das Teigbrett, der Teigwalker (Teigholz), Ausstechformen, Backformen, das Backblech, Löffeln und auch alle technischen Geräte wie Mixer oder Waage völlig frei von herkömmlichem Mehl sind.

Alles, was Sie zum Backen brauchen, sollte griffbereit sein.

Zutaten

Bedenken Sie, dass ein Backwerk nur so gut wird, wie seine Zutaten. Wählen Sie deshalb qualitativ wertvolle Zutaten aus biologischer Landwirtschaft, wie zum Beispiel frische Eier oder erstklassige Fairtrade-Schokolade (gibt es auch mit Xylit).

ABKÜRZUNGEN UND MENGENANGABEN

g	Gramm
ml	Milliliter
EL	Esslöffel
TL	Teelöffel

Temperatur der Zutaten

Vor allem Eier und Butter sollten frühzeitig aus dem Kühlschrank genommen werden, damit sie bei der Verarbeitung Raumtemperatur haben. Nur so verbinden sich Butter und Eier optimal und die Masse flockt nicht aus. Dies gilt natürlich nicht für mürbe Teige. Die Zutaten dafür sollen möglichst kühl sein, um ein gutes Ergebnis zu bekommen. In den Rezepten wird darauf extra hingewiesen.

Mürber Teig – alles gut mischen

Ich bereite alle Keksteige mit meinen Händen zu. Alle Zutaten für den Teig sollen kurz, aber auch sehr gründlich, miteinander verknetet werden. Sie brauchen dafür etwas Geduld. Der Teig wirkt zu Beginn trocken und man könnte meinen, dass daraus nie ein Mürbteig werden kann. Ich helfe mir damit, dass ich jeweils eine kleine Menge verknete und erst nach und nach den Rest dazumenge. Die Zutaten sind zuvor natürlich gründlich miteinander vermischt worden.

Glutenfreier Teig muss sehr gut durchgeknetet sein, damit keine Klümpchen bleiben. Ob Sie das erreicht haben, können Sie prüfen, in dem Sie den Teig zu einem großen Knödel formen und in der Mitte durchschneiden. Wenn Mehl- oder Fettklümpchen zu erkennen sind – nochmals gut durchkneten.

Teige wollen rasten

In den Rezepten ist angegeben, wie lange der jeweilige Teig rasten soll. Das Rasten ist deshalb so wichtig, weil der Teig in dieser Zeit eigenständig weiterarbeitet. Eigentlich rastet nicht der Teig, sondern der Bäcker! Im Teig befindet sich Mehl, welches Zeit zum Quellen braucht: Das Mehl besteht aus Stärkekörnern, die – je nach Stärkegrad (Mahlgrad) – unterschiedlich groß sind.

Wenn nun Wasser oder andere flüssige Zutaten wie Eier oder Sojadrink in Kontakt mit der Stärke kommen, lösen sich die einzelnen Stärkekörner auf und es beginnt die „Bindung“ im Teig.

Dieser Vorgang benötigt Zeit und deshalb ist es manchmal ratsam, Teige über Nacht im Kühlschrank rasten zu lassen.

Glutenfreie Teige mit viel Mehl brauchen immer etwas mehr Zeit zum Rasten, da die Teigbindung länger dauert als bei glutenhaltigen Mehlen.

Ausrollen

ES GIBT ZWEI MÖGLICHKEITEN, EINEN TEIG OPTIMAL AUSZUROLLEN:

1. **Klassisch** – auf einer mit Mehl bestäubten Arbeitsfläche.
2. **Zwischen 2 Lagen Backpapier** (oder auch Plastikbeutel). Dafür legen Sie den Teig auf einen Bogen Backpapier, legen einen zweiten Bogen auf den Teig und rollen ihn so aus. Der Vorteil der 2. Variante ist, dass der Teig nicht so leicht bricht bzw. reißt und dass sich die ausgestochenen Kekse sehr leicht abheben lassen. Seitdem ich glutenfreie Kekse backe, verwende ich die Papiervariante mit Erfolg.

Ausstechen

Für das Ausstechen ist keine Anleitung notwendig.

Einen Tipp möchte ich dennoch weitergeben: Tauchen Sie die Ausstechformen vorher in etwas Mehl, so wird der Rand des Teiges etwas mehlig und trennt sich sehr leicht vom übrigen Teig., die Teig-Platte zerreißt nicht und die ausgestochenen Kekse sind „in Form“!

Backrohr

Ich backe meine Rezepte mit Ober- und Unterhitze (OU), das Backblech wird immer auf der mittleren Schiene positioniert. Ich habe die Erfahrung gemacht, dass mit Umluft gebackenes Gebäck austrocknet. Bestimmte Kekse sollen etwas trockener sein, nur für diese verwendete ich das Umluftprogramm. Bei diesen Rezepten steht extra „Umluft“ dabei

ZU LANGE IM BACKROHR

Falls Ihre Kekse unbeabsichtigt zu lange im Ofen waren und deshalb zu dunkel geraten sind, bestreuen Sie sie mit Birken-Staubzucker oder überziehen sie mit Schokoladenglasur. Wenn die Kekse jedoch so dunkel sind, dass sie bitter schmecken, müssen sie auf den Biomüll. Sie sind dann weder gut noch gesund.

Schokoladenglasur oder Kuvertüren

Geschmolzene Schokolade bzw. Kuvertüre sollte nicht wärmer als 35° C („handwarm“) sein, wenn die Butter eingerührt wird. So bekommen Sie das beste Ergebnis zum Überziehen und Verzieren der Kekse.

Aufbewahrung

Nach dem Backen sollte das Backwerk immer vollständig auskühlen, bevor es weiter verarbeitet wird. Im warmen Zustand brechen Kekse schon beim Herunternehmen vom Backblech sehr leicht.

Es gibt Kekse, die weich werden sollen (z. B. Linzer Augen). Diese Kekse lassen Sie 2 bis 3 Tage offen stehen bevor Sie sie in eine gut zu verschließende Dose geben.

Kekse, die knusprig bleiben sollen, werden gleich nach dem Abkühlen in gut verschließbare Dosen gegeben.

In einer Dose sollte immer nur eine Sorte aufbewahrt werden. Natürlich geht das nicht immer, weil man vielleicht nur größere Dosen zur Verfügung hat. Dann achte ich darauf, dass ich 2 ähnliche Kekse (betreffend der Zutaten und ob weich oder knusprig) zusammen aufbewahre. Stark gewürzte Kekse geben ihren Duft ab und verändern den Geschmack der danebenliegenden milderen Sorte.

frisch & leicht

Gewürz-
keks

typisch weihnacht-
lich

Ernte-
zeit

Rezepte

Nerven-Nahrung

fruchtig

Klassiker

Aniskekse

WAS SIE BRAUCHEN:

- 40 g Birkenzucker
- 1 Ei
- 50 g Buchweizenmehl
- ½ TL Pfeilwurzelmehl
- Anis zum Bestreuen

Tipp

Ich rühre den Teig nicht mit dem elektrischen Mixer, sondern mit einer Gabel, denn je weniger der Teig gerührt wird, desto glatter werden die Kekse!

1 BLECH, JE NACH GRÖSSE CA. 20–30 STÜCK

... UND WIE'S GEHT:

1. Das Backrohr auf 170° C vorheizen und das Backblech mit Backpapier belegen.
2. Das Buchweizenmehl mit dem Pfeilwurzelmehl gut vermischen.
3. Das Ei mit dem Birkenzucker verrühren und das Mehlgemisch dazu geben.
4. Den Teig mit einem kleinen Löffel in dünnen Scheiben auf das vorbereitete Backblech streichen und mit Anis bestreuen.
5. Die Aniskekse ca. 5–10 Minuten backen.

VARIATION:

Aniskekse sind auch als Anisbögen bekannt. Dafür werden sie noch warm aus dem Ofen sofort über einen Kochlöffelstiel gebogen und abgekühlt.

Durch die Verwendung des glutenfreien Mehls ist es schwieriger, Kekse zu biegen. Sie brechen leicht.

WISSENSWERTES

Anis wurde bereits von den alten Ägyptern, Griechen, Römern und den Arabern als Gewürz- und Heilpflanze genutzt.
Noch heute bekommt man in arabischen Ländern nach dem Essen Aniskörner zum Kauen serviert. Das hilft einerseits der Verdauung und andererseits gegen Mundgeruch.

Das enthaltene ätherische Öl hilft bei allen Arten von Verdauungsbeschwerden, Blähungen und Völlegefühl. Anis ist außerdem gut für die Atemwege, für die Haut und er wirkt entwässernd.

Der Volksmund sagt, dass böse Geister ferngehalten werden, wenn man Anissamen in der Hosentasche trägt. Ein kleiner Sack mit Anissamen unter dem Kopfpolster vertreibt schlechte Träume.
Im Norden Deutschlands war es früher üblich, Anisgebäck als Opfergabe beim Erntedank zu backen.

Aronias

WAS SIE BRAUCHEN:

- 100 g Butter/Pflanzenmargarine
- 2 Eier
- 60 g gemahlenen Birkenzucker
- 70 g Buchweizenmehl
- 70 g Quinoamehl
- ½ TL Vanillepulver
- 3 El getrocknete und gehackte Aroniabeeren
- Frische oder getrocknete Blütenblätter (von essbaren Blüten!) und einige getrocknete Aroniabeeren zum Dekorieren.

ERGIBT JE NACH GRÖSSE CA. 30–40 STÜCK

fruchtig

… UND WIE'S GEHT:

1. Backrohr auf 180° C Umluft vorheizen. Backblech mit Backpapier belegen.
2. Butter, Eier, Birkenzucker, Vanillepulver und die Mehle miteinander zu einem Teig verrühren.
3. Die Aroniabeeren unterheben und mithilfe von 2 kleinen Löffeln kleine Häufchen auf das vorbereitete Backblech machen.
4. Die kleinen Häufchen werden abschließend mit getrockneten Aroniabeeren belegt (2–3 Stück pro Keks).
5. Ins Backrohr schieben und ungefähr 10 Minuten goldbraun backen.
6. Abkühlen lassen und mit frischen oder getrockneten Blütenblättern servieren.

VARIATION:

An Stelle der Aroniabeeren können Sie auch Rosinen, Preiselbeeren oder Heidelbeeren – um nur einige zu erwähnen – verwenden.
Im getrockneten Zustand bekommt man Beeren das ganze Jahr über zu kaufen oder noch besser – man trocknet sie im Sommer selbst als Vorrat!

Tipp

Diese Keks backe ich während des ganzen Jahres. Sie sind einfach, schmecken gut und es gibt so viele Variationsmöglichkeiten.

WISSENSWERTES

Die Aroniabeere, auch Apfelbeere genannt, sieht so ähnlich aus wie eine Heidelbeere. Ihr Wuchs und ihr Geschmack unterscheidet sie aber deutlich von der Heidelbeere. Sie wächst in Dolden an einem Strauch, der bis 1,5 m hoch wird und sehr dekoratives Laub hat. Die Aroniabeere schmeckt herb-säuerlich, während die Heidelbeere süß ist.

Ihren Ursprung hat diese Gesundheitsbeere im östlichen Nordamerika. Mittlerweile wachsen Aroniasträucher auch in Mitteleuropa – auch ich bin seit 2 Jahren stolze Besitzerin eines Strauches.
Die Studienergebnisse über die gesundheitlichen Auswirkungen dieser Beere sind so überwältigend, dass ich mir am liebsten eine Aronia-Hecke pflanzen würde: Ansehnliche Mengen an vielen Vitaminen und Mineralstoffen, aber vor allem die vorhandenen Polyphenole (sehr kraftvolle Antioxidantien) machen diese kleine Beere für uns so interessant.

Bananen-Soja-Busserl

WAS SIE BRAUCHEN:

- 150 g Sojaflocken
- 50 g Rosinen
- 70 g Apfelmus
- 1 Banane, ca. 160 g
- 2 Eier
- 1 Messerspitze Steviosid oder 80 g Birkenzucker
- ½ TL Weinsteinbackpulver
- 1 Prise Salz
- je 1 Prise gem. Zimt und gem. Nelken

... UND WIE'S GEHT:

1. Ein Backblech mit Backpapier belegen. Backofen auf 150° C vorheizen.
2. Die Eier mit dem Apfelmus, der Banane (mit einer Gabel zerdrücken), Stevia, Backpulver und Gewürzen gut verrühren.
3. Sojaflocken und Rosinen dazu geben und gut vermengen.
4. Mit einem Teelöffel kleine Häufchen auf das Backblech setzen und die Busserl ca. 20 Minuten backen (die Backzeit richtet sich natürlich auch nach der Größe der Busserl!).
5. In einer Keksdose aufbewahrt halten diese Busserl einige Wochen – sind aber frisch am Köstlichsten!

VARIATION:

Nehmen Sie anstatt der Sojaflocken auch einmal Hirse- oder Buchweizenflocken. Auch das Vermischen verschiedener Flocken-Arten ist möglich. Ich nehme immer jene, die ich gerade zu Hause habe.

Tipp

Die natürliche Süße dieser Busserl braucht oft gar keinen Birkenzucker bzw. Stevia mehr. Wenn die Bananen vollreif sind, sind die Busserl natur-süß!

Das Apfelmus können Sie gegen ein Joghurt tauschen, falls Sie keine laktosefreien Busserl brauchen. Das schmeckt auch sehr gut!

Buchweizenkeks mit Mohnhäubchen

WAS SIE BRAUCHEN:

- 70 g Butter/Pflanzenmargarine
- 1 Ei
- 1–2 EL Wasser
- 100 g Buchweizenmehl
- 1 Msp. Pfeilwurzelmehl
- 30 g gemahlenen Birkenzucker
- 1 Msp. Vanillepulver

FÜR DIE HÄUBCHEN:

- 2 Eiweiß
- 60 g Birkenzucker
- 60 g gemahlenen Mohn
- 20 g geriebene Schokolade

CA. 30 STÜCK

... UND WIE'S GEHT:

1. Aus den Teig-Zutaten einen geschmeidigen Teig herstellen, in Folie wickeln und im Kühlschrank ca. 1 Stunde rasten lassen.
2. Ein Backblech mit Backpapier belegen. Backofen auf 140° C vorheizen.
3. Nach der Ruhezeit den Teig auswalken und mit beliebigen Ausstechformen runde Kekse machen.
   Variante: Den Teig zu einer Rolle formen (bereits vor dem Rasten) und dann einfach die runde Scheiben abschneiden und mit den Händen zu runden Keksen formen.
4. Am Backblech verteilen.
5. Für das „Mohnhäubchen" wird Eiweiß zu Schnee geschlagen. Birkenzucker, Mohn und Schokolade daruntermischen.
6. Aus der Mohnmasse werden nun mit 2 kleinen Löffeln „Häubchen" auf die Buchweizenkekse gesetzt.
7. Anschließend etwa 30–40 Minuten backen.

VARIATION:

Aus dem „Mohnhäubchen" kann auch ein „Kokoshäubchen" oder ein „Nusshäubchen" werden...je nach Vorliebe! Mir persönlich schmeckt die Mohnmasse mit einer Prise Zimt besonders gut!

WISSENSWERTES

Buchweizen ist kein Getreide, sondern eine Grasart, ein Knöterichgewächs. Buchweizen wird bei uns in Europa seit dem Mittelalter kultiviert und ist für Menschen mit empfindlichem Magen besonders gut verträglich.
Heilsame Eigenschaften des Buchweizens: durchblutungsfördernd, venenstärkend und entwässernd.

Tipp

Dieses Keksrezept ist ein gutes Grundrezept für viele andere Keks-Variationen!

Falls Sie den Teig – so wie ich – ausrollen, vergessen Sie nicht auf die 2 Lagen Butterbrotpapier! Dazwischen rollt es sich einfach viel leichter und der Teig bricht nicht.

Butterbrote

WAS SIE BRAUCHEN:

- 120 g Butter oder Pflanzen-margarine
- 140 g Buchweizenmehl
- 2 TL Pfeilwurzelmehl (mit dem Buchweizenmehl vermischen)
- 100 geriebene Haselnüsse
- 80 g geriebene Schokolade
- 1 Eidotter

GLASUR:

- 1 Eidotter
- ca. 70 g Birkenzucker, gemahlen

... UND WIE'S GEHT:

1. Aus allen Zutaten einen Mürbeteig zubereiten.
2. Aus dem Teig werden Rollen mit einem Durchmesser von ungefähr 3 cm geformt und über Nacht in den Kühlschrank zum Rasten gelegt.
3. Am nächsten Tag das Backrohr auf 180° C vorheizen und das Backblech mit Backpapier belegen.
4. Von den Rollen werden nun Scheiben („Brotscheiben") geschnitten, auf das Backblech gelegt und ca. 15 Minuten gebacken.
5. Für die Glasur werden der Dotter und der gemahlene Birkenzucker mit einem Löffel oder Mixer gut verrührt.
6. Aus dem Backrohr nehmen, noch warm mit der Dotterglasur bestreichen und gut trocknen lassen.
7. Trocken, kühl und verschlossen aufbewahrt halten die Brote viele Tage lang.

Tipp

Noch besser schmecken die Butterbrote, wenn Sie die Haselnüsse vor dem Reiben im Rohr anrösten.
Dieses Gebäck gab es früher viel häufiger als heute. Der Grund liegt in der Angst vor Salmonellen (Dotter-Glasur). Ich verwende für die Butterbrote ganz frische Eier vom Biobauern, da hat es noch nie etwas gegeben!

Cashewnuss Busserl

WAS SIE BRAUCHEN:

- 1 Ei
- 30 g Birkenzucker, gemahlen oder 5 Tropfen Stevia-Fluid
- 100 g klein gehackte Cashewnüsse
- ½ TL Vanillepulver
- 1 Msp. Ingwerpulver
- etwas passiertes Fruchtmus (Marille, Apfel) bzw. Marmelade zum Bestreichen
- einige Cashewnussstücke zum Belegen

... UND WIE'S GEHT:

1. Ein Backblech mit Backpapier belegen. Backofen auf 180° C vorheizen.
2. Alle Zutaten gut miteinander vermischen. Der Teig ist sehr zäh.
3. Den Teig in kleinen Häufchen auf das Blech setzen und bei ca. 10 Minuten backen.
4. Das Fruchtmus erwärmen. Die erkalteten Busserl damit bestreichen und mit einem Stückchen Cashewnuss belegen.

1 BLECH, CA. 30 STÜCK

VARIATION:

Das Bestreichen mit Fruchtmus muss nicht unbedingt sein, die Busserl schmecken auch so sehr gut und schauen nett aus.
Ist das Fruchtmus sehr süß - verzichten Sie auf Birkenzucker bzw. Stevia.

Tipp

Für diese Busserl eignen sich alle Arten von Nüssen. Je nach Verträglichkeit kann man zum Beispiel auch Erdnüsse, Paranüsse, Macadamianüsse oder Mandeln verarbeiten.

Nerven-
nahrung

Chia-Konfekt

WAS SIE BRAUCHEN:

- 50 g Hirseflocken
- 25 g Kokosflocken
- 15 g Mandelsplitter
- 15 g Chiasamen
- 50 g Mandelmus
- 7 EL Wasser
- 1 Msp. Steviosid oder 100 g Birkenzucker, gemahlen
- Kokosflocken, Chiasamen und gemahlene Mandeln zum Wälzen

... UND WIE'S GEHT:

1. Die trockenen Zutaten vermengen, dann Mandelmus und Wasser mit Stevia zufügen.
2. Alles gut miteinander verrühren.
3. Kleine Kugeln formen und nach Belieben in Kokosflocken, Chiasamen oder Mandeln wälzen.
4. Belegen Sie einen Teller mit Butterbrotpapier und legen Sie darauf das fertige Konfekt. Den Teller in den Kühlschrank stellen und dort die Kugeln mindestens 4 Stunden rasten lassen (mit Folie bedecken).

WISSENSWERTES

Chia heißt in der Nahuatl-Sprache (Sprache der Azteken) „Kraft" und „Stärke". Die Ureinwohner Südamerikas wussten um die kräftigende Wirkung dieser Pflanze. Den damals üblichen Langstreckenläufern wurde immer Chia mitgegeben, denn sie lieferte ihnen Energie für die anstrengenden Strecken.

VARIATION:

Seien Sie kreativ, wenn es um die Flocken geht! Statt der Hirseflocken können Sie Sojaflocken, Buchweizenflocken oder auch Haferflocken (ACHTUNG: glutenhältig) nehmen.

Ebenso können Sie beim Mandelmus variieren; es gibt so viele verschiedene Nuss-Muse. Je nach Geschmack und Vorliebe ersetzen.

CA. 20 KLEINE KUGELN

Cranberry-Schnitten

WAS SIE BRAUCHEN:

- 200 g Pflanzenmargarine/Butter
- 140 g Birkenzucker, gemahlen
- 1 TL Vanillepulver
- 2 Eier
- 100 g Buchweizenmehl oder Süßlupinenmehl
- 1 gehäufter TL Pfeilwurzelmehl
- 2 TL Zimt

BELAG:

- 60 g gehackte Cranberries
- 30 g geriebene oder gehackte Mandeln
- Geriebene Schale von einer Bio-Zitrone

CA. 40–60 STÜCK

… UND WIE'S GEHT:

1. Das Backrohr auf 180° C vorheizen und eine eckige Backform (23 cm Seitenlänge) mit Backpapier auslegen.
2. Die weiche Butter mit Birkenzucker und Vanillepulver verrühren.
3. Die beiden Eier einrühren.
4. Mehle, Zimt und Zitronenschale dazugeben und gut miteinander vermengen.
5. Den Teig in die vorbereitete Backform streichen und mit den gehackten Cranberries und den Mandeln bestreuen.
6. Im Backrohr auf unterster Schiene ca. 20 Minuten backen.
7. Etwas abkühlen lassen und noch lauwarm in Schnitten schneiden, danach ganz abkühlen lassen.
8. Die Cranberry-Schnitten in eine gut schließende Blechdose geben. Sie halten etwa 2 Wochen.

WISSENSWERTES

Cranberries zählen zu den Alleskönnern unter den Heilpflanzen. Sie sind reich an Antioxidantien, beinhalten eine Menge Vitamin C und unterstützen so die Gesunderhaltung vieler unserer Organe, wie z. B. Magen, Blase, Niere, Prostata…

Tipp

Der zähe Teig läßt sich in der Backform mit einer nassen Teigspatel leichter verstreichen. Die Schnitten bekommen mit dem Süßlupinenmehl einen süßeren Geschmack, das Buchweizenmehl bringt nussiges Aroma.

Elisenlebkuchen

WAS SIE BRAUCHEN:

- 3 Eier
- 200 g Birkenzucker, gemahlen
- 1 TL Lebkuchengewürz oder je ½ TL Zimt- und Nelkenpulver
- 60 g geriebene Schokolade
- Schale ½ Bio-Zitrone
- 120 g getrocknete und gehackte Aprikosen
- 150 g gemahlene Haselnüsse
- 150 g gemahlene Mandeln

GLASUR

- 200 g Schokolade
- 150 g Kokosfett oder Kakaobutter

Gewürz-
keks

1 BLECH, JE NACH GRÖSSE, CA. 20–30 STÜCK

... UND WIE'S GEHT:

1. Das Backrohr auf 150° C vorheizen und das Backblech mit Backpapier belegen.
2. Die Eier mit dem Birkenzucker gut verrühren.
3. Gewürze, geriebene Schokolade, die geriebene Zitronenschale, die gehackten Aprikosen und die gemahlenen Nüsse unterrühren.
4. Aus dem sehr dickflüssigen Teig kleine Portionen (mit einem TL) abstechen und auf das Backblech legen. Etwas Abstand zueinander lassen, der Teig läuft ein wenig auseinander. Abschließend die Teigportionen mit einer großen Gabel leicht platt drücken.
5. Die Lebkuchen im Backrohr auf der untersten Schiene ca. 30 Minuten backen. Abkühlen lassen.
6. Für die Glasur Schokolade und Kakaobutter bzw. Kokosfett im Wasserbad geschmolzen.
7. Überkühlen lassen und die ausgekühlten Lebkuchen damit überziehen.
8. Eventuell mit Nüssen dekorieren. Trocknen lassen und in einer gut schließenden Blechdose aufbewahren.

WISSENSWERTES

Der Legende nach haben die Elisenlebkuchen ihren Namen von einer Nürnberger Lebküchner-Tochter namens Elisabeth erhalten. Der Nürnberger Lebküchner liebte seine Tochter sehr und sie war sein Ein und Alles, da seine Frau bereits gestorben war. Eines Tages erkrankte auch seine Tochter.
Kein Arzt wusste Rat und der Lebküchner war der Verzweiflung nah. In seiner Not dachte er an ein ganz besonderes Heilmittel. Er wusste um die Heilkraft der orientalischen Gewürze und stellte für seine Elisabeth einen besonderen Lebkuchen her.
Er ließ das Mehl weg und verwendete nur die hochwertigsten Zutaten. Tatsächlich kam Elisabeth wieder zu Kräften und wurde gesund.

Tipp

Wenn Sie die getrockneten Früchte fein hacken, können Sie die Masse auch durch einen Spritzbeutel drücken. Dieser Lebkuchen ist auch mit Rosinen, Cranberries oder selbsthergestelltem Orangeat sehr köstlich.
Die Lebkuchen nicht zu lange backen, sonst werden sie hart.

Energie-Kekse

WAS SIE BRAUCHEN:

- 200 g zerdrückte, sehr reife Banane (1 große oder 2 kleine Bananen)
- 120 g weiche Butter oder Margarine
- 50 g Sonnenblumenkerne
- 30 g Leinsamen
- 100 g Rosinen
- 90 g Buchweizenmehl
- 90 g Maismehl
- 1 Pkg. Weinsteinbackpulver
- 2 El Flohsamenschalen oder 1 EL Chia Samen

Nerven-
nahrung

… UND WIE'S GEHT:

1. Ein Backblech mit Backpapier belegen. Backofen auf 180° C vorheizen.
2. Die zerdrückten Bananen mit allen anderen Zutaten vermengen.
3. Es entsteht ein sehr klebriger Teig!
4. Mit einem kleinen Löffel den Teig mit wenig Abstand zueinander auf das Backblech setzen.
5. Anschließend ca. 15 Minuten backen.

VARIATION:

Bei diesen kleinen „Energiepaketen" können Sie viel variieren!
Rosinen tausche ich mit Cranberries bzw. mische sie. Sonnenblumenkerne können durch gehackte Nüsse oder Kürbiskerne ersetzt werden. Die Vollwertigkeit dieser Kekserl bleibt immer erhalten!

Tipp

Ich esse die Kraft-Kekse zum Frühstück bzw. nehme sie mit für Unterwegs! Auch für Kinder eine ideale, gesunde und nahrhafte Jause.

STECKBRIEF DER REIFEN OBSTBANANE

Reife Obstbananen enthalten neben 74 % Wasser, 20 % Kohlenhydrate (Stärke + Zucker), 1,2 % Eiweiß und 0,2 % Fett.

Bananen sind gesund und leicht verdaulich, sie enthalten viel Vitamin B_6 und Folsäure und die Mineralstoffe Kalium und Magnesium (0,85 %).

Außerdem stimmt es, dass Bananen glücklich machen: Sie enthalten Serotonin, Noradrenalin und Dopamin. Der hauptsächliche Aromalieferant ist Isovaleriansäure.

Florentiner

WAS SIE BRAUCHEN:

- 50 g Butter/Pflanzenmargarine
- 1/8 l Obers (Sahne)
- 120 g Birkenzucker
- 100 g Trockenfrüchte (Cranberries, Rosinen, gehackte Marillen)
- 150 g Mandeln (die Hälfte gehackt, die zweite Hälfte gerieben)
- 20 g Kokosmehl
- ½ TL Pfeilwurzelmehl
- dunkle Schokolade zum Bestreichen, Tunken …

1 BACKBLECH/JE NACH GRÖSSE CA. 70 STÜCK

typisch weihnachtlich

... UND WIE'S GEHT:

1. Das Backrohr auf 200° C vorheizen und das Backblech mit Backpapier belegen.
2. Butter, Birkenzucker und Obers in einem Kochtopf erhitzen bis die Butter geschmolzen ist.
3. Die gehackten Trockenfrüchte, gemahlene und gehackte Mandeln und Mehle miteinander vermischen und zur Buttermasse in den Kochtopf mischen.
4. Die Masse unter ständigem Rühren aufkochen und dann abkühlen lassen.
5. Den Teig auf dem Backblech verteilen, glatt streichen und 8–10 Minuten backen.
6. Aus dem Backrohr nehmen, am Backblech auskühlen lassen.
7. Mit einem scharfen Messer Rauten ausschneiden und eventuell in geschmolzene Schokolade tunken oder damit bestreichen.
   In einer gut verschließbaren Keksdose aufbewahrt, bleiben die Florentiner einige Wochen saftig.

WISSENSWERTES

Das Florentiner-Gebäck hat keine namentliche Verbindung mit der Stadt Florenz und ist in Italien unbekannt. Das Rezept ist wahrscheinlich in Frankreich entstanden. Heute sind Florentiner in vielen Gegenden Süddeutschlands ein Weihnachtsgebäck. Der traditionelle Florentiner hat ungefähr Handtellergröße, kleinere Florentiner bezeichnet man als Florentiner Plätzchen.

Tipp

Florentiner werden zumeist als „Häufchen" auf das Backblech gesetzt und so gebacken, dass runde Scheiben entstehen. Gluten- und zuckerfreier Teig zerfließt und deshalb backe ich die Florentiner „im Ganzen". Die Kekse sind leicht brüchig, bleiben aber dafür sehr saftig und fruchtig!

Fruchtige Streuselkekse

WAS SIE BRAUCHEN:

- 40 g weiche Butter
- 25 g Birkenzucker
- 25 g beliebige Nüsse, gemahlen
- 50 g Buchweizenmehl
- ½ TL Pfeilwurzelmehl
- ½ TL Keksgewürzmischung (siehe S. 19)
- ca. 150 g rote Marmelade (Himbeere, Kornelkirsche, Preiselbeer, Erdbeere ...)
- Rosinen oder Cranberries
- kleine Konfektförmchen (oder Mini-Muffin Formen) aus Papier

CA. 30 STÜCK

fruchtig

... UND WIE'S GEHT:

1. Backofen auf 180° C vorheizen.
2. Die Butter wird in einem Topf geschmolzen (nicht aufkochen!).
3. Dann Birkenzucker, Mehl, Nüsse und Gewürz dazugeben und mit einer Gabel verrühren, so dass kleine Streusel entstehen.
4. Die kleinen Formen auf das Backblech stellen, in jedes 2–3 Cranberries oder Rosinen legen und ein TL Marmelade darüber platzieren.
5. Jetzt noch je einen TL Streusel auf die fruchtige Masse als Abschluss verteilen, ein wenig andrücken und ca. 15 Min. backen.
6. Die Kekse werden auf einem kühlen Platz (nicht im Kühlschrank) einen Tag lang „getrocknet".
7. Am nächsten Tag können Sie die Papierformen ganz leicht von den Keksen lösen!

VARIATION:

Die Fruchtkomposition kann nach Belieben variiert werden: zum Beispiel getrocknete Marillen mit Marillenmarmelade oder Orangenmarmelade mit Zesten der Schale.

Tipp

Diese fruchtigen Teilchen bleiben ca. 4 Wochen saftig, wenn sie nicht schon vorher aufgegessen sind!

Gewürzglocken

typisch weihnachtlich

JE NACH GRÖSSE CA. 40–50 STÜCK

WAS SIE BRAUCHEN:

- 150 g kalte Butter/Pflanzenmargarine
- 60 g Birkenzucker, gemahlen
- 160 g Buchweizenmehl
- 1 TL Pfeilwurzelmehl
- 120 g geröstete und geriebene Haselnüsse
- 1 TL Keksgewürzmischung (siehe S. 19)
- 1 EL Kakao

ZUM BESTREUEN

- Birkenzucker-Zimt-Gemisch: ca. ½ Kaffeetasse voll gemahlenem Birkenzucker mit ½ TL gemahlenem Zimt vermischen

... UND WIE'S GEHT:

1. Backblech mit Backpapier belegen. Das Backrohr auf 170° C vorheizen.
2. Alle Zutaten zu einem Teig verkneten, der anschließend mindesten 30 Minuten im Kühlschrank ruhen soll.
3. Den Teig zwischen 2 Lagen Butterbrotpapier ausrollen und Glocken ausstechen.
4. Die Kekse auf das vorbereitete Backblech legen und ca. 10–15 Minuten backen.
5. Solange die Glocken noch heiß bzw. warm sind, werden sie mit dem Birkenzucker-Zimt-Gemisch bestreut.

VARIATION:

Ich liebe diese Kekse in folgender Variante: Nach dem Backen 2 Glocken mit Marmelade zusammensetzen und zur Hälfte in Schokoladenglasur tunken, mmhh!!!

Nerven-
nahrung

Gewürzkekse

CA. 40–50 STÜCK

WAS SIE BRAUCHEN:

- 150 g geröstete und gem. Haselnüsse
- 100 g gemahlenen Birkenzucker
- 1 TL Vanillepulver
- 60 g Cranberries
- 2 Eidotter
- 1 Prise Zimt- und Nelkenpulver

GLASUR:

- 100 g gemahlenen Birkenzucker
- 1 Eiklar
- Zitronensaft
- Marmelade zum Zusammensetzen
- Haselnüsse (geröstet und gerieben) zum Wälzen

Tipp

Dieser Teig ist nicht ganz leicht zu verarbeiten. Da er sehr klebrig ist, verwende ich immer 2 Lagen Butterbrotpapier zum Ausrollen.

... UND WIE'S GEHT:

1. Das Backrohr auf 150° C vorheizen und das Backblech mit Backpapier belegen.
2. Die Cranberries sehr fein hacken und mit den anderen Zutaten zu einem Teig verkneten.
3. Den Teig ca. 3 mm dick ausrollen (zwischen 2 Bögen Backpapier) und beliebig große Kreise ausstechen.
4. Die Kekse auf das Backblech legen und ungefähr 10 Minuten backen.
5. Die Kekse erkalten lassen und danach mit Marmelade zusammensetzen oder glasieren.

WISSENSWERTES

Haselnüsse sind die Früchte der Heilpflanze Hasel und nicht umsonst als typische Nervennahrung bekannt. Sie haben einen hohen Lezithin-Gehalt, der sich positiv auf unsere Nervenfunktion und das Gedächtnis auswirkt. Außer vielen wichtigen Mineralstoffen wie Kalzium, Phosphor und Eisen sind in Haselnüssen zudem jede Menge Ballaststoffe sowie sekundäre Pflanzenstoffe enthalten, die unsere Verdauung in Schwung bringen!

Himbeer-Kokos-Sternchen

WAS SIE BRAUCHEN:

- 200 g zerdrückte Banane (1 große oder 2 kleine Bananen)
- 75 g kalte Butterstücke oder Margarine
- 40 g Staubbirkenzucker
- geriebene Schale einer halben Zitrone
- 1 Prise Vanillepulver
- 1 Prise Salz
- 1 Dotter
- 120 g Buchweizenmehl
- 50 g Kokosflocken
- ca. 50 g Himbeermarmelade oder Himbeermus zum Füllen
- eventuell Kokosflocken zum Bestreuen

… UND WIE'S GEHT:

1. Aus Butter, Birkenstaubzucker, Dotter und den restlichen Zutaten einen mürben Teig kneten und diesen, in Butterbrotpapier gewickelt, ca. 3 Stunden im Kühlschrank rasten lassen.
2. Ein Backblech mit Backpapier belegen. Backofen auf 180° C vorheizen.
3. Dann wird der Teig ca. 4 mm dick ausgerollt und Sterne ausgestochen. Wenn Sie verschieden große Ausstecher verwenden, achten Sie darauf, dass von jeder Größe eine gerade Zahl zum anschließenden Zusammensetzen zur Verfügung steht.
4. Auf das vorbereitete Backblech legen und ca. 10 Minuten backen. Die Spitzen sollen leicht gebräunt sein.
5. Nach dem Abkühlen mit dem Himbeermus zusammengesetzen und mit einigen Kokosflocken bestreuen.
6. Ich lasse die fertigen Himbeer-Kokos-Sterne einige Stunden ruhen, bis das Fruchtmus soweit getrocknet ist, dass ich sie in Keksdosen schlichten kann.

Tipp

Im Sommer backe ich diese Kekserl sehr gerne für die Vorratsdose und fülle sie mit Erdbeermus bzw. -marmelade.
Vor dem Servieren hacke ich dann frische Kräuter aus dem Garten wie Zitronenverbene, Schokominze oder andere erfrischende bzw. kühlende Kräuter und bestreue die Kekse damit.
Als Ausstechform verwende ich dafür Blumen, Blätter oder einfache, runde Formen.

VARIATION:

Das Aroma von Himbeere und Kokos harmoniert besonders gut! Natürlich ist jedes beliebige Fruchtmus zum Zusammensetzen geeignet, einfach ausprobieren!

Hirse-Busserl

WAS SIE BRAUCHEN:

- » 60 g Pflanzenmargarine /Butter
- » 60 g Birkenstaubzucker
- » 2 gestrichene EL rohes Mandelmus
- » 60 g Hirsemehl
- » 2 gestrichene EL Pfeilwurzelmehl
- » ½ Pkg. Backpulver
- » 1 TL Apfelessig
- » 50 ml Mineralwasser, sprudelnd
- » ev. 2 Tr. Ingwertropfen
- » Cranberry zum Garnieren

... UND WIE'S GEHT:

1. Das Fett mit dem Birkenstaubzucker und dem Mandelmus verrühren.
2. Hirsemehl mit Pfeilwurzelmehl und Backpulver vermischen und gemeinsam mit dem Apfelessig, dem Mineralwasser und den Ingwertropfen unter die Fettmasse geben und alles gut verrühren.
3. Den Teig in einen Stanitzel füllen, eine mittelgroße Öffnung schneiden (oder in einen Dressiersack mit Sterntülle) und damit auf das vorbereitete Backblech kleine Haufen spritzen. Auf Abstand achten, den die Kekse werden beim Backen breiter.
4. Jedes Keks mit einer halben Cranberry verzieren und ab ins Rohr!
5. Bei 180° C ca 15 Minuten backen bis die Ränder ein wenig gebräunt sind.
6. Herausnehmen, abkühlen lassen und in einer Dose aufbewahren. Die Kekse sind einige Wochen lang haltbar.

WISSENSWERTES

Die traditionelle Hirsebreifahrt ist eine historische Vergnügungsfahrt. Sie geht von Zürich nach Strassburg und fand erstmals 1456 statt. Bis heute wird Hirsebrei mitgeführt und in Strassburg verteilt.
Die Fahrt wird mit Holzschiffen durchgeführt, sogenannten Langschiffen.

Tipp

Meinen „Testessern" waren Hirsebusserl teilweise zu wenig süß. Wenn auch Sie zu den ganz Süßen gehören, dann 80 g Birkenzucker verwenden!
Zum Dekorieren können Sie Nüsse verwenden, oder Feigenstückchen, getrocknete Apfelstücke usw.

Hirse-Schoko-Cookies

WAS SIE BRAUCHEN:

- 130 g Butter/Pflanzenmargarine
- 120 g Birkenstaubzucker
- 1 Prise Salz
- 1 TL Vanillepulver
- 2 Eier
- 130 g Hirseflocken
- 60 g Buchweizenmehl oder 30 g Buchweizenmehl + 30 g Kartoffelstärkemehl
- 1 TL Weinsteinbackpulver
- 160 g Sonnenblumenkerne
- 100 g dunkle Schokolade, grob gehackt

… UND WIE'S GEHT:

1. Die Butter mit dem Birkenzucker, dem Salz und dem Vanillepulver cremig verrühren.
2. Nach und nach die Eier dazu geben.
3. Die Flocken und das Mehl mit dem Weinsteinbackpulver vermengen und unter die Butter-Ei-Masse heben.
4. Ganz zuletzt werden die Sonnenblumenkerne und die gehackte Schokolade beigefügt.
5. Den Teig ca. 1 Stunde rasten lassen.
6. Ein Backblech mit Backpapier belegen. Backofen auf 150° C vorheizen.
7. Dann die Masse zwischen 2 Backpapierblättern ausrollen und runde Kekse, sog. Cookies, ausstechen.
8. Auf das vorbereitete Backblech legen und ca. 20 Minuten backen. Ich bevorzuge diese Kekse eher dunkler, darum lasse ich sie 30 Minuten im Rohr. Helle Cookies bleiben kürzere Zeit in der Hitze.

Tipp

Ich lasse den Teig gerne über Nacht im Kühlschrank, so können sich die Zutaten gut verbinden. Etwa eine Stunde vor der Verarbeitung aus dem Kühlschrank nehmen, sonst ist die Masse zu hart.

Falls Sie sich mit dem Ausrollen des Teiges schwer tun, nehmen Sie 2 kleine Löffel, stechen aus der zähen Masse kleine Stücke und verteilen diese in kleinen Häufchen auf dem Blech.

VARIATION:

Verwenden Sie anstatt der Hirseflocken Ihre persönlichen Lieblingsflocken! Hafer-, Buchweizen-, Reis- oder Sojaflocken sind leckere Alternativen.

Husarenkrapferl

WAS SIE BRAUCHEN:

- » 140 g Butter/Pflanzenmargarine
- » 60 g Birkenzucker, gemahlen
- » 2 Dotter
- » 200 g glutenfreies Lieblingsmehl
- » 1 Ei zum Bestreichen
- » Aprikosenmarmelade zum Füllen

JE NACH GRÖSSE CA. 40–60 STÜCK

Klassiker

... UND WIE'S GEHT:

1. Die Butter mit dem Mehl verbröseln, den Birkenzucker daruntermischen und mit den Dottern zügig zu einem geschmeidigen Teig verkneten.
2. Den Teig zu 2 bis 3 Rollen formen, in Klarsichtfolie wickeln und im Kühlschrank eine halbe Stunde ruhen lassen.
3. Das Backrohr auf 200° C vorheizen. Das Backblech mit Backpapier belegen.
4. Dann schneiden Sie von den Rollen ein Stückchen Teig ab und formen es zu einer kleinen Kugel.
5. Diese Kugel auf das vorbereitete Backblech setzen und mit dem Stiel eines Kochlöffels in die Mitte eine Mulde drücken.
6. Die Krapfen mit dem versprudelten Ei bestreichen, die Mulde mit der Marmelade füllen und etwa 10 Minuten hellgelb backen.

WISSENSWERTES

Woher der Name dieser traditionellen Bäckerei stammt, ist nicht ganz klar. Husaren sind eine Truppengattung der leichten Kavallerie, deren Ursprünge in Ungarn und Kroatien liegen. In Deutschland wird dieses süße Gebäck auch Engelsaugen genannt.

VARIATION:

Sie können die Krapfen auch nach dem Backen mit der Marmelade füllen.

Selbstverständlich sind auch andere Marmeladen bzw. Fruchtmus zum Befüllen möglich. Wählen Sie Ihren persönlichen Lieblingsgeschmack aus!

Eine beliebte Variation ist das Bestreuen mit Mandelblättchen, nachdem das rohe Krapferl mit Ei bestrichen und mit Marmelade gefüllt ist.

Ischler Törtchen

WAS SIE BRAUCHEN:

- 240 g Butter/Pflanzenmargarine
- 120 g Birkenzucker, gemahlen
- ½ TL Vanillepulver
- 280 g Buchweizenmehl oder 150 g Buchweizenmehl + 100 g Kokosmehl
- 1 EL Pfeilwurzelmehl (mit dem Buchweizenmehl mischen)
- 150 g geriebene Haselnüsse oder Mandeln
- ½ TL Zimt

ZUM FÜLLEN

- ca. 100 g passierte Aprikosenmarmelade
- ca. 150 g dunkle Schokoladenglasur (Zubereitung siehe S. 20

Klassiker

… UND WIE'S GEHT:

1. Butter, gemahlenen Birkenzucker, Vanillepulver, Mehle, Zimt und Haselnüsse zu einem Mürbteig verkneten und ½ Stunde rasten lassen.
2. Das Backrohr auf 150° C vorheizen und das Backblech mit Backpapier belegen.
3. Den Teig ca. 4 mm dick ausrollen und gleichmäßig große Scheiben ausstechen.
4. Auf das Backblech legen und ca. 10 Minuten goldbraun backen.
5. Aus dem Backrohr nehmen, überkühlen lassen.
6. Die Hälfte der Scheiben wird mit der passierten Marillenmarmelade bestrichen und mit einer zweiten Scheibe zusammensetzen.
7. Mit flüssiger Schokoladenglasur bestreichen, eventuell mit geriebenen Nüssen bestreuen und trocknen lassen.

WISSENSWERTES

Die „Ischler Törtchen" sind eine österreichische Spezialität, die in den 1950er Jahren – vom Konditor Richard Kurt – in der Konditorei Zauner in Bad Ischl kreiert wurde.
Die „Ischler" wurden bald über die Grenzen hinweg berühmt und fehlen in fast keinem österreichischen Backbuch. Im gesamten deutschen Sprachraum existieren viele Rezeptvariationen dieses Gebäcks.

Die berühmten „Ischler Törtchen" sind mit Buttercreme gefüllt, mit Schokoladenglasur überzogen und werden zusätzlich mit einer blanchierten und in Schokoladenglasur getunkten Mandel belegt.

Tipp

Die von mir verwendeten Mehle machen den Teig sehr weich und dadurch etwas schwerer zu verarbeiten. Versuchen Sie es mit Buchweizenmehl und Maisstärke – dieser Teig ist einfacher zu bearbeiten!
Ich verwende immer 2 Lagen Backpapier zum Auswalken.

Kakao-Gupferl

JE NACH GRÖSSE CA. 40–70 STÜCK

WAS SIE BRAUCHEN:

- 250 g Pflanzenmargarine/Butter
- 5 Dotter
- 130 g Birkenzucker, gemahlen
- 1 TL Vanillepulver
- 220 g Buchweizenmehl
- 1 gehäufter TL Pfeilwurzelmehl
- 4 gehäufte EL Kakaopulver
- Kornelkirschen (Dindl)-Fruchtmus oder eine andere herbe Marmelade zum Zusammenkleben der Gupferl

VARIATION:

Die fertigen Gupferl in geschmolzene Schokolade tunken.

... UND WIE'S GEHT:

1. Das Backrohr auf 200° C vorheizen und das Backblech mit Backpapier belegen.
2. Die Zutaten für den Teig mit dem Mixer gut verrühren. Bei dieser Keksmasse hat man schnell das Gefühl, es wäre zuwenig Flüssigkeit im Teig – der Teig soll so sein!
3. Die Kakaomasse in einen Dressiersack füllen und kleine oder größere Röllchen aufs Backblech spritzen. Abstand halten, die Masse zerläuft ein wenig.
4. Ca. 10 Minuten backen. Anschließend auskühlen lassen.
5. Dann werden jeweils 2 Gupferl mit etwas Fruchtmus oder Marmelade zusammengesetzt.

WISSENSWERTES

Schokolade bzw. Kakao wurde im 16. und 17. Jahrhundert nach Europa gebracht. Dort hatten adlige Damen die Gewohnheit, bei den langen kirchlichen Gottesdiensten Schokolade zu essen. So konnten sie die langweiligen Predigten und Gebete überstehen, ohne müde oder hungrig zu werden. Die Geistlichkeit schätzte diese Gewohnheiten nicht und versuchte, den Schokoladenverzehr zu unterbinden. Gelungen ist das bis heute nicht.

quer durchs Jahr

Kokosbusserl

1 BLECH, ETWA 12 STÜCK

WAS SIE BRAUCHEN:

- 2 Eiklar
- 60 g Birkenzucker, gemahlen
- 75 g Kokosraspel
- 2 Tropfen äth. Zitronenöl oder die geriebene Schale von ½ Zitrone
- 1 Prise Salz

WISSENSWERTES

Die Kokosbusserl werden außerhalb Österreichs auch als Kokosmakronen bezeichnet, wobei die „Makronen" ursprünglich ein Mandelgebäck aus Mandeln, Zucker und Eiklar waren, das schon im 17. Jh. in der französischen Küche zubereitet wurde. Bei den Kokosbusserl werden die Mandeln dieser ursprünglichen Makronen einfach durch Kokosraspeln ersetzt.

… UND WIE'S GEHT:

1. Ein Backblech mit Backpapier belegen. Backofen auf 180° C vorheizen.
2. Die Eiklar werden mit dem Salz zu steifem Schnee geschlagen.
3. Kokosraspel und Birkenzucker miteinander vermischen und unter den Schnee heben.
4. Zitronenöl bzw. geriebene Zitronenschale zufügen.
5. Mit zwei Teelöffeln Teighäufchen auf das Blech setzen, ca. 15 Minuten backen. Die Busserl sollen hellbraune Spitzen haben.

VARIATION:

Die Kokosbusserl zur Hälfte in geschmolzene Schokolade tauchen. Die Kokosbusserl lassen sich durch Austauschen der Kokosflocken durch geriebene Nüsse aller Art (Mandeln, Haselnüsse, Walnüsse) oder Mischungen davon beliebig variieren.

Tipp

Ich bringe die Häufchen mit den Fingern in Form, drücke sie etwas zusammen. Wenn sie ausgekühlt sind, sind sie schön fest.

Kokos-Aprikosenkugerl

WAS SIE BRAUCHEN:

- 100 g getrocknete Aprikosen, umgeschwefelt
- 50 g Kokosflocken
- 2 EL Aprikosensaft oder Aprikosenlikör
- geriebene Schale ½ Bio-Orange
- eventuell Kokosflocken zum Wälzen

fruchtig

JE NACH GRÖSSE 20–30 STÜCK

... UND WIE'S GEHT:

1. Die getrockneten Aprikosen werden fein gehackt (am Besten in der Küchenmaschine) und mit den Kokosflocken, der Orangenschale und der Flüssigkeit gemischt. Die Masse soll sehr feucht sein.
2. Die Aprikosen-Kokosmasse im Kühlschrank mindestens 4 Stunden ziehen lassen.
3. Kugeln formen und eventuell in Kokosflocken wälzen.

WISSENSWERTES

Die Aprikose, Marille (Bayern, Österreich) oder auch Malete (Rheinhessen) stammt aus China, wo sie schon seit mindestens 2000 v.Chr. gegessen wird.
Die größte Marillenanbaugemeinde in Österreich ist Arnsdorf in der Wachau. Das Aroma der „Wachauer Marille" ist so typisch,dass ihr Name von der Europäischen Union zur „Geschützten Ursprungsbezeichnung" erklärt wurde.

Tipp

Ich lasse diese Masse gerne einige Tage im Kühlschrank stehen! Sie läßt sich dann sehr gut formen und außerdem kann sich das Aroma entfalten.
Aus dieser Masse können Sie auch Herzen, Sterne oder andere Formen gestalten. Dafür die Masse zwischen 2 Jausenbretter geben und so im Kühlschrank rasten lassen. Dann noch ein wenig ausrollen und ausstechen!

Kokos Schnitten

WAS SIE BRAUCHEN:

- » 280 g Butter/Pflanzenmargarine
- » 6 Eier
- » 400 g gemahlener Birkenzucker
- » 400 g Buchweizenmehl
- » 2 TL Pfeilwurzelmehl, mit dem Buchweizenmehl mischen
- » 200 g Kokosraspel oder Kokosflocken

GLASUR

- » 200 g dunkle Schokolade
- » 15 g Kakaobutter (oder Butter bzw. Margarine)

JE NACH GRÖSSE CA. 80 STÜCK

... UND WIE'S GEHT:

1. Das Backrohr auf 200° C vorheizen und das Backblech mit Backpapier belegen.
2. Die Eier trennen.
3. Die Butter schaumig rühren, dann die Dotter und 180 g Birkenzucker beimengen und die Masse so lange rühren, bis sie sehr hell ist.
4. Das Mehl unterheben und den Teig auf dem Backblech verteilen und glatt streichen.
5. Die Eiklar zu Schnee schlagen, den restlichen Birkenzucker, Kokosraspel bzw. Kokosflocken dazugeben und miteinander verrühren.
6. Die Schneemasse auf die Buttermasse streichen und im Backrohr ca. 20 Minuten backen.
7. Aus dem Rohr nehmen und auskühlen lassen.
8. Für die Glasur wird die Schokolade mit der Butter im Wasserbad geschmolzen, gut verrührt und anschließend auf den fertigen Kuchen gestrichen.
9. In Schnitten schneiden.

Nerven-
nahrung

Kraft-Kugeln

... UND WIE'S GEHT:

1. Die Nüsse mit den Trockenfrüchten, den Sonnenblumenkernen und der Banane pürieren. Dann Zimt und Vanillepulver dazu geben.
2. Die entstandene Masse mit Hirseflocken mischen, bis sie gut formbar ist.
3. Kleine Kugeln formen, diese in Carob-Pulver oder Kokosflocken wälzen und anschließend an einem kühlen Ort trocknen lassen (über Nacht).

WAS SIE BRAUCHEN:

- 2 getrocknete Aprikosen
- 4 weiche, getrocknete Feigen
- 4 Datteln (ohne Kerne)
- 1 kleine Banane
- 3 EL Kokosflocken
- 2 EL Sonnenblumenkerne
- 1 Handvoll Mandeln (oder andere Nüsse)
- je 1 TL Vanillepulver und Zimt
- Hirseflocken
- Carob-Pulver oder Kokosflocken zum Wälzen

30–50 STÜCK

VARIATION:

Wenn es einmal keine Banane sein soll, nehmen Sie einfach ein paar Löffel Apfel- oder Birnenmus.

Tipp

Diese Kugeln sind ein wertvolles Geschenk für frisch gebackene Mamas, die gerade in den ersten Wochen viel Kraft brauchen....

Als vollwertiger, gesunder Proviant bei Wanderungen oder einfach täglich anstatt der üblichen „süßen" Dinge – bei mir kommen sie immer wieder gut an!

Kürbis-Busserl

WAS SIE BRAUCHEN:

- » 50 g Kürbis, fein gerieben
- » 35 g Schokolade, in kleine Stücke gehackt
- » 40 g Pflanzenmargarine oder Butter
- » 50 g Birkenzucker, gemahlen
- » 50 g gemahlene Mandeln
- » 1 EL Rosinen
- » 1 Ei
- » 50 g Buchweizenmehl
- » 1 gestrichener TL Pfeilwurzelmehl
- » 1 TL Backpulver

1–2 BLECHE, JE NACH GRÖSSE DER BUSSERL

... UND WIE'S GEHT:

1. Ein Backblech mit Backpapier belegen. Backofen auf 180° C vorheizen.
2. Margarine und Birkenzucker schaumig rühren, das Ei dazugeben.
3. Dann nacheinander die restlichen Zutaten einmengen und gut miteinander verrühren.
4. Mit einem Teelöffel kleine Busserl auf das Blech setzen.
5. Im Backrohr ca. 20 Minuten backen.

VARIATION:

Anstatt der Rosinen harmonieren auch getrocknete Mangos oder Aprikosen mit dem Kürbis!

Tipp

Machen Sie den Teelöffel nass, bevor Sie Busserl formen. So kann sich der Teig gut vom Löffel lösen.

Kürbiskern-Makronen

WAS SIE BRAUCHEN:

- 1 Ei
- 1 Dotter
- 20 g Birkenzucker, gemahlen oder 3 Tropfen Stevia-Fluid
- 50 g Kürbiskerne, grob gemahlen und leicht angeröstet
- 10 g Buchweizenmehl oder Hirsemehl
- ¼ Pkg. Weinsteinbackpulver
- geriebene Schale von ½ Zitrone
- ½ Messerspitze roten Pfeffer bzw. Chili
- ½ TL Vanillepulver
- etwas Wasser bei Bedarf
- rotes Fruchtmus oder Marmelade (Johannisbeeren, Dirndln)
- einige ganze Kürbiskerne zum Belegen

ETWA 30 STÜCK

... UND WIE'S GEHT:

1. Ein Backblech mit Backpapier belegen. Backofen auf 180° C vorheizen.
2. Die Kürbiskerne in einer Pfanne (ohne Fett) leicht anrösten und anschließend grob mahlen.
3. Alle trockenen Zutaten miteinander mit einer Gabel vermengen und mit dem Ei zu einem weichen Teig verrühren.
4. Je nach Art des Mehls kann der Teig zu trocken werden. In diesem Fall geben Sie etwas Wasser dazu. Der Teig soll mit dem Löffel gut schöpfbar, aber nicht flüssig sein.
5. Mit zwei Teelöffeln werden nun kleine Häufchen auf das Blech gesetzt und ca. 10 Minuten gebacken.
6. Das rote Fruchtmus erwärmen und je einen Klecks auf die abgekühlten Kürbis Makronen setzen.
7. Zuletzt wird noch je ein Kürbiskern in das Fruchtmus gelegt.

Tipp

Sie können den Deko-Kürbiskern auch vor dem Backen in das Teighäufchen stecken.

Vorsicht bei der Verwendung von Pfeffer und Chili! Zum Testkosten gebe ich das Chilipulver oder den Pfeffer immer nur in eine kleine Teigmasse. Diese dann backen und verkosten.
Die angegebene Menge schmeckt dezent. Für eine intensivere Schärfe mengen Sie mehr Chili in den Teig.

Kürbiskernkipferl

WAS SIE BRAUCHEN:

- 120 g Butter
- 50 g Birkenzucker, gemahlen
- 60 g gemahlene und leicht
- angeröstete Kürbiskerne
- 150 g Mehl (Buchweizen- + Teffmehl oder Buchweizen- + Maismehl)
- 1 TL Pfeilwurzelmehl
- 15 g geröstete und gemahlene Haselnüsse
- 1 Prise Salz
- ½ TL Keksgewürzmischung (siehe S. 19)
- geschmolzene Schokolade, etwa 200 g

1 BLECH, ETWA 25 STÜCK

… UND WIE'S GEHT:

1. Haselnüsse und Kürbiskerne werden in einer Pfanne (ohne Fett) leicht geröstet und anschließend gemahlen.
2. Die angegebenen Zutaten zu einem Teig verkneten und einige Stunden kühl rasten lassen.
3. Ein Backblech mit Backpapier belegen. Backofen auf 180° C C vorheizen.
4. Dann Kipferl formen, auf das Backblech legen und ca. 10–15 Minuten backen.
5. Währenddessen wird die Schokolade im Wasserbad geschmolzen.
6. Die abgekühlten Kipferl abschließend an den Enden in Schokolade tauchen.

VARIATION:

Schokoladenfreie Variante: Die Kipferln nur mit Birkenstaubzucker bestreuen.

Tipp

Formen Sie eher kleine Kipferl, da der Teig leicht bricht. In gebackenem Zustand sind die Kipferln aber schön fest!

Linzer Augen

WAS SIE BRAUCHEN:

- 180 g Mehl (Mischung aus Kartoffel- + Maismehl)
- 1 EL Pfeilwurzelmehl
- 100 g geschälte und fein gemahlene Mandeln
- 120 g Butter/Pflanzenmargarine
- 60 g Birkenzucker, gemahlen
- 1 EL Vanillepulver
- 1 Ei
- Marmelade (Marille, Johannisbeere) zum Füllen
- etwas Birkenzucker, zum Bestreuen

Klassiker

... UND WIE'S GEHT:

1. Die Butter oder Margarine wird in Stücke geschnitten und mit den Mehlen, den Mandeln, dem Birkenzucker, Vanillepulver und dem Ei zu einem Teig verknetet.
2. Dieser Teig ist nicht ganz leicht zu bearbeiten – wie so oft bei mürben Teigen. Doch auch wenn alles krümelt – rasch weiterkneten, die Zutaten verbinden sich schließlich doch.
3. Der Teig sollte nun in den Kühlschrank zum Rasten. Am besten erst am folgenden Tag verarbeiten.
4. Wenn die Linzer Augen schneller gebraucht werden, das Backrohr auf 170° C vorheizen. Kleine runde Kekse ausstechen. Die Hälfte der ausgestochenen Kekse bekommen zusätzlich ein kleines Loch in der Mitte.
5. Auf das mit Backpapier belegte Backblech legen, ca. 10 Minuten backen, abkühlen lassen und mit der Marmelade je eine „gelochte" und „ungelochte" Scheibe zusammensetzen.
6. Abschließend mit etwas Staubbirkenzucker bestreuen und in eine Dose schlichten.

ÜBER DIE „LINZER AUGEN"

Als geborene Linzerin weiß ich über die Herstellung der „Linzer Augen" (auch als „Spitzbuben" bekannt) natürlich bestens Bescheid.
Vorrausetzung ist der echte „Linzer Teig" – hell oder dunkel.
Unter einem Linzer Teig versteht man in der Regel einen Mürbteig, der die Zutaten Mehl, Fett und Zucker im klassischen Verhältnis 3:2:1 enthält.
Häufig wird der Teig mit Nüssen, meist Mandeln, angereichert.
Verwendet man blanchierte Mandeln wird der Teig „hell", schält man die Mandeln nicht, ist er „dunkel".
Dieser Teig wird auch für die Linzer Stangerl verwendet.
„Linzer Augen" und „Linzer Stangerl" zählen in Österreich zum traditionellen Gebäck.

JE NACH GRÖSSE CA. 30–50 STÜC

Linzer Stangerl

WAS SIE BRAUCHEN:

» 160 g Butter/Pflanzenmargarine
» 1 Ei
» 80 g Birkenzucker, gemahlen
» 240 g Mehl (Kartoffelmehl, Maismehl und Buchweizenmehl zu gleichen Teilen)
» 1 EL Pfeilwurzelmehl, mit den anderen Mehlen vermischen
» je 1 Prise Salz und Vanillemark
» geriebene Zitronenschale von ½ Bio-Zitrone
» ca. 100 g passierte Aprikosenmarmelade zum Bestreichen
» ca. 150 g Schokoladenglasur zum Tunken (Zubereitung siehe S. 20)

... UND WIE'S GEHT:

1. Das Backrohr auf 160° C vorheizen und das Backblech mit Backpapier belegen.
2. Butter, Birkenzucker, Ei und Gewürze miteinander verrühren und zuletzt die Mehle und das Ei unterrühren.
3. Die Masse in einen Spritzsack (sternförmige Öffnung) füllen und auf das Backblech Stangerl aufspritzen.
4. Ca. 10 Minuten backen.
5. Aus dem Backrohr nehmen, abkühlen lassen.
6. Die Hälfte der Stangerl mit Aprikosenmarmelade bestreichen und mit je einem nicht bestrichenen Stangerl zusammen setzen.
7. Zuletzt wird das Gebäck in flüssige Schokoladenglasur getunkt.

Tipp

Je größer die Stangerl, umso einfacher ist das Füllen und Tunken. Die angegebene Mehlmischung ergibt eine eher sandige Masse. Wollen Sie lieber einen festeren Teig, dann nehmen Sie mehr Kartoffelstärke.

Klassiker

Londoner Schnitten

JE NACH GRÖSSE CA. 80 STÜCK

WAS SIE BRAUCHEN:

- 220 g Butter/Pflanzenmargarine
- 80 g Birkenzucker, gemahlen
- 4 Dotter
- 160 g Hirsemehl (oder Buchweizenmehl)
- 160 g Maismehl
- 1 EL Pfeilwurzelmehl

BELAG

- 1 Glas säuerliches Fruchtmus (Johannisbeere, Kornelkirsche)
- 4 Eiklar
- 200 g gemahlene Nüsse (eine Sorte oder Mischung)
- 180 g Birkenzucker, gemahlen
- 1 Rippe erweichte, dunkle Schokolade

... UND WIE'S GEHT:

1. Ein Backblech einfetten oder mit Backpapier belegen. Backrohr auf 150° C Umluft vorheizen.
2. Alle Zutaten für den Teig werden miteinander gut verknetet.
3. Danach auf dem vorbereiteten Backblech gleichmäßig ausrollen.
4. Die Teigplatte mit dem Fruchtmus bestreichen.
5. Für den Belag werden zuerst die Eiklar mit dem Salz zu festem Schnee geschlagen und anschließend die gemahlenen Nüsse und die erweichte Schokolade (Wasserbad!) untergehoben.
6. Diese Schneemasse wird auf dem Fruchtmus gleichmäßig verteilt.
7. Etwa 40 Minuten backen. Die Umluft bewirkt, dass der Belag gut trocknet und knusprig wird.

VARIATION:

Ich verwende bei süßem Backwerk mit Nüssen – so wie bei diesen Schnitten – sehr gerne Buchweizenmehl. Der nussige Geschmack des Mehls harmoniert gut mit den Nüssen! Für diese Schnitten habe ich wegen der Optik (hell-dunkel) Hirse- und Maismehl verwendet. Sehr gehalt- und geschmackvoll werden die Schnitten, wenn man Walnüsse für den Belag verwendet. Das Rezept stammt in seiner Originalfassung aus dem Kochbuch meiner Großmutter.

Macadamia Busserl

WAS SIE BRAUCHEN:

- 120 g Macadamianüsse
- 120 g Maismehl
- 120 g Süßlupinenmehl
- 1 EL Pfeilwurzelmehl
- 120 g Butter/Pflanzenmargarine
- 60 g Birkenzucker, gemahlen
- 1 TL Vanillepulver
- 1 Prise Salz
- 1 TL Apfelessig (oder 1 Ei)

FÜLLUNG:

- 1 Glas Fruchtmus (Himbeere, Erdbeere, Kornelkirsche, Preiselbeere, Johannisbeere ...)

JE NACH GRÖSSE CA. 40–60 STÜCK

… UND WIE'S GEHT:

1. Das Backrohr auf 180° C vorheizen und das Backblech mit Backpapier belegen.
2. 70 g von den Macadamianüssen fein mahlen und mit den anderen Zutaten zu einem Teig vermengen.
3. Den Teig in Butterbrotpapier einrollen und im Kühlschrank 1 bis 2 Stunden rasten lassen.
4. In der Zwischenzeit werden die restlichen 50 g Macadamianüsse grob gemahlen oder gehackt.
5. Danach aus dem Teig Kugeln formen und diese in den grob geriebenen Nüssen wälzen.
6. Auf das Backblech legen, leicht andrücken und mit einem Kochlöffelstiel eine Mulde drücken.
7. Die Busserl ca. 15 Minuten backen, bis sie leicht gebräunt sind.
8. Herausnehmen, abkühlen und danach das Fruchtmus in die Mulden füllen.

WISSENSWERTES

Die Macadamianuss – die „Königin der Nüsse" – schmeckt nicht nur ausgezeichnet nach Vanille, sie hat eine nachweislich positive Wirkung auf unseren Körper: Die Nuss besteht zu 82 % aus ungesättigten und somit guten Fettsäuren. Zudem hat sie einen hohen Gehalt an B-Vitaminen (vor allem B_6) und unterstützt dadurch wichtige Hirnfunktionen. Gute Laune und eine gute Konzentration können durch Macadamianüsse gesteigert werden.

Macadamianüsse sollen unmittelbar vor der Weiterverarbeitung, also vor dem Backen, gemahlen werden, so gehen keine Inhaltsstoffe verloren.
Kühl, dunkel und trocken gelagert halten diese Nüsse einige Wochen lang.

Tipp

Der Teig ist nicht ganz einfach zu formen, deshalb mache ich mir immer die Hände nass – dann gehts leichter! Die Nüsse bleiben beim Wälzen auch besser kleben, wenn das Macadamia-Busserl feucht ist. Diese Busserl dürfen beim Backen ruhig ein wenig braun werden – sie schmecken dann viel besser.

Mandel-Taler

WAS SIE BRAUCHEN:

- 5 Eiklar
- 100 g zerlassene Pflanzen-margarine/Butter
- 220 Birkenzucker, gemahlen
- ½ TL Vanillepulver
- 1 TL Zimt
- 150 g gehobelte Mandeln
- 3 EL Kartoffelmehl

JE NACH GRÖSSE CA. 20–40 STÜCK

... UND WIE'S GEHT:

1. Das Backrohr auf 200° C vorheizen und das Backblech mit Backpapier belegen.
2. Die Eiklar werden mit dem Birkenzucker gut vermengt, dann die Mandeln, das Mehl und die Butter einrühren.
3. Diese Mandelmasse lassen Sie dann ca. 1 Stunde rasten.
4. Nach der Rastzeit mit einem TL kleine Teigportionen auf das Backblech setzen und mit den Fingern zu einem flachen und runden „Blatt" formen.
5. Ca. 10 Minuten backen.
6. Herausnehmen und auskühlen lassen.

WISSENSWERTES

Mandeln sind die Früchte eines Steinobstbaumes – wie auch der Aprikosen- und der Pfirsichbaum. Sie werden vom Menschen bereits seit 4.000 Jahren kultiviert. Mandeln gehören – im Gegensatz zu Nüssen wie Hasel- oder Walnüssen – zu den basischen Lebensmitteln. Sie sind reich an Nähr- und Vitalstoffen, enthalten wertvolle Fettsäuren, senken den Cholesterinspiegel, stärken die Knochen und machen schlank!

Wahrscheinlich wegen ihrer vielen gesundheitlichen Vorzüge war die Mandel vor vielen hundert Jahren ein wichtiges Grundnahrungsmittel der Menschen in subtropischen Regionen

Tipp

Wenn Sie die Mandel-Taler so lange im Backrohr lassen, bis die Ränder leicht angebräunt sind, werden sie besonders knusprig. Eine kürzere Backzeit bewirkt eine weichere Konsistenz – auch gut!

Variieren Sie die Größen! Ein großer Mandel-Taler, bei dem sich dann alle Gäste ein Stück runterbrechen ist sehr dekorativ.

Mandelkipferl

WAS SIE BRAUCHEN:

- 3 Eier
- 200 g Birkenzucker, gemahlen oder 1 TL Steviosid (1 g) bzw. 1 TL Stevia flüssig
- 100 g geriebene Mandeln
- 100 g geriebene Haselnüsse
- 100 g geriebene Walnüsse
- 100 g Buchweizenmehl
- ½ TL Pfeilwurzelmehl
- ½ TL Keksgewürzmischung (siehe S. 19)
- Mandelblättchen zum Wälzen

1 BLECH

... UND WIE'S GEHT:

1. Ein Backblech mit Backpapier belegen. Backofen auf 180° C vorheizen.
2. Eier und Zucker schaumig rühren.
3. Nüsse, Gewürz und Mehl unterheben.
4. Den Teig einige Minuten stehen lassen, er wird etwas fester.
5. Kipferl formen, diese in den Mandelblättchen wälzen und auf das Blech legen.
6. Ca. 20 Minuten backen.

VARIATION:

Falls Sie normalen Haushaltszucker verwenden, müssen Sie das Mehl aus der Zutatenliste streichen, sonst wird der Teig zu fest.

Tipp

Die Kipferl werden in der Dose mürber, offen aufbewahrt bleiben sie knusprig.

Mandelmakronen

WAS SIE BRAUCHEN:

- 80 g Birkenzucker, gemahlen
- 100 g geriebene Mandeln
- 180 g Hirsemehl
- 1 TL Pfeilwurzelmehl
- 1 TL Kartoffelstärkemehl
- 80–100 ml Mandeldrink

SCHNEEMASSE:

- 6 Eiklar
- 1 Prise Salz
- 100 g Birkenzucker, gemahlen
- ca. 60 g gehobelte Mandeln zum Bestreuen
- Papierförmchen für Mini-Muffins

… UND WIE'S GEHT:

1. Das Backrohr auf 160° C Heißluft vorheizen. Ein Backblech mit Backpapier belegen.
2. Alle trockenen Zutaten der Nuss-Mehl-Masse miteinander mischen und mit der Mandelmilch zu einem zähen Teig verrühren. Dies funktioniert mit einer Teigspatel am besten.
3. Für die Schneemasse Eiklar mit dem Salz steif schlagen, den gemahlenen Birkenzucker unterrühren und diese Masse unter die Nuss-Mehl-Masse heben.
4. Mit der entstandenen Makronenmasse füllen Sie nun Mini-Muffin-Förmchen und backen diese bei Heißluft insgesamt ca. 10 Minuten.
5. Nach ungefähr 5 Minuten Backzeit können die Makronen mit den gehobelten Mandeln bestreut werden (danach 5 Minuten fertig backen).

WISSENSWERTES

Wussten Sie, dass gemäß den „Leitsätzen für feine Backwaren" des Deutschen Lebensmittelbuchs mit dem Wort „Makronen" nur Mandel- und Marzipanmakronen ohne weiteren Zusatz bezeichnet werden dürfen?
Alle andere Makronen aus der großen Makronenfamilie werden nach Art der Ölsamen oder Rohmasse benannt, zum Beispiel Haselnussmakronen.

Außerdem enthalten „echte" Makronen weder Mehl noch Stärke, eine Ausnahme sind die Kokosmakronen, die maximal 3 % der Gesamtmasse an Mehl oder Stärke enthalten dürfen.
Allen Makronen gemeinsam ist die Herstellung einer dressierfähigen Masse, die typischerweise durch eine Loch- oder Sterntülle auf das Backblech gespritzt wird.

Tipp

Die Makronenmasse kann auch in einen Dressiersack gefüllt und auf das vorbereitete Backblech zu kleinen Häufchen gespritzt werden. Etwas Abstand zueinander lassen, da die Makronen auseinander laufen.

Mandelschnitten

WAS SIE BRAUCHEN:

» 150 g Butter/Pflanzenmargarine

» 7 Eier

» 240 g Birkenzucker, gemahlen

» 1 Prise Salz

» 150 g Maismehl

» 1 TL Pfeilwurzelmehl, mit dem Maismehl mischen

» ½ TL Weinsteinbackpulver

» 100 g geriebene Mandeln

» 100 g geriebene Schokolade

» ca. 100 g Aprikosenmarmelade zum Bestreichen

» etwas Schokoladenglasur (Zubereitung siehe S. 20)

JE NACH GRÖSSE CA. 80 STÜCK

... UND WIE'S GEHT:

1. Das Backrohr auf 170° C vorheizen und das Backblech mit Backpapier belegen.
2. Die Eier trennen.
3. Dotter mit Butter, der Hälfte des Birkenzuckers und einer Prise Salz schaumig rühren.
4. Mehl mit Backpulver unterheben und diese Masse gleichmäßig auf dem Backblech verstreichen.
5. Den Teig mit der Marillenmarmelade bedecken.
6. Die Eiklar zu festem Schnee schlagen, den Birkenzucker, die Mandeln und die Schokolade unterrühren und das Ganze auf den mit Marmelade gleichmäßig bestrichenen Teig verteilen und glattstreichen.
7. Ca. 30–40 Minuten backen.
8. Aus dem Backrohr nehmen, in kleine Schnitten schneiden.
9. Die flüssige Schokoladenglasur in eine Spritztüte mit kleiner Öffnung füllen und damit die Mandelschnitten verzieren.

Tipp

Variieren Sie die Marmelade – Himbeere oder Johannisbeere verleihen diesem Gebäck einen ganz neuen Geschmack.

Marmor-Herzen

WAS SIE BRAUCHEN:

- » 3 Dotter
- » 150 g Pflanzenmargarine/Butter
- » 100 g gemahlener Birkenzucker
- » 250 g Buchweizenmehl
- » 1 EL Pfeilwurzelmehl
- » 1 TL Weinsteinbackpulver
- » 1 TL Vanillepulver
- » 50 g weiße Schokolade, gerieben
- » 50 g dunkle Schokolade, gerieben
- » 1 EL Kakaopulver
- » 1 Eiklar zum Bestreichen der Kekse

... UND WIE'S GEHT:

1. Dotter mit der Butter und dem Birkenzucker mit dem Mixer gut verrühren.
2. Mehle und Backpulver dazu mengen und die Masse mit den Händen zu einem glatten Teig verkneten.
3. Teilen Sie den Teig in 2 gleichgroße Stücke.
4. Die fein geriebene weiße Schokolade und das Vanillepulver rasch unter eine Teigportion kneten.
5. Die fein geriebene dunkle Schokolade und das Kakaopulver zügig unter die zweite Teigportion kneten.
6. Beide Teigportionen abdecken und an einem kühlen Ort mind. 1 Stunde rasten lassen.
7. Das Backrohr auf 160° C vorheizen und das Backblech mit Backpapier belegen.
8. Kneten Sie nach der Rastzeit beide Teige einzeln kurz durch, dann beide Teige miteinander verkneten bis ein marmorähnliches Muster entsteht.
9. Ausrollen,Herzen ausstechen und mit dem Eiklar bestreichen.
10. Auf das Backblech legen und auf der untersten Schiene ca. 15 Minuten backen.
11. Herausnehmen, abkühlen lassen und in einer verschließbaren Dose aufbewahren.

Tipp

Dieser Teig kann über Nacht rasten. Den Teig zwischen 2 Lagen Butterbrotpapier auswalken; so bleibt er nicht kleben und die Kekse lassen sich leicht abheben.

Maroni-Türmchen

WAS SIE BRAUCHEN:

- 130 g Kartoffel- oder Maismehl
- 60 g Pflanzenmargarine /Butter
- 20 g Birkenzucker, gemahlen
- 1 Dotter

MARONIMASSE:

- 200 g Maronipüree
- 80 g Birkenzucker, gemahlen
- 80 ml Mandelmilch (oder Rum)
- Dirndl- oder Himbeermarmelade
- Schokoladenglasur

CA. 40 STÜCK

... UND WIE'S GEHT:

1. Die Zutaten für den Teig miteinander verkneten und den Teig anschließend ca. 1 Stunde im Kühlschrank rasten lassen.
2. Die Maronimasse bereiten Sie, indem Sie das Maronipüree mit dem Birkenzucker und der Mandelmilch verrühren.
3. Die Maronimasse in einen Spritzsack füllen.
4. Das Backrohr auf 170° C vorheizen und das Backblech mit Backpapier belegen.
5. Den Teig nach der Rastzeit aus dem Kühlschrank nehmen, dünn ausrollen und mit einem kleinen, runden Ausstecher (Durchmesser 2–3 cm) Kekse ausstechen und auf das Backblech legen.
6. Die Kekse 5–8 Minuten backen.
7. Danach streichen Sie zuerst auf jeden Keks etwas Marmelade und dressieren anschließend mit Hilfe des Spritzsackes ein „Türmchen" aus Maronimasse darauf.
8. Für die Glasur die Schokolade mit der Kakaobutter im Wasserbad schmelzen, überkühlen lassen und die Maronitürmchen darin tunken.
9. Ich bewahre dieses Konfekt im Kühlschrank auf und nehme es ca. ½ Stunde vor dem Servieren heraus, damit sich das Aroma gut entfalten kann.

WISSENSWERTES

Hildegard von Bingen sagte über die gekochte Edelkastanie: „Ein Mensch, dem das Gehirn durch Trockenheit leer ist und der davon im Kopf schwach wird, koche die inneren Fruchtkerne dieses Baumes in Wasser und gebe sonst nichts dazu. Und wenn das Wasser ausgegossen ist, soll er sie oft nüchtern und nach dem Essen nehmen, und sein Hirn wächst und wird gefüllt und seine Nerven werden stark und so wird der Schmerz im Kopf weichen."

VARIATION:

Für die „geistige" Variante ersetzen Sie die Mandelmilch durch Rum.

Sie können die Kekse natürlich auch größer ausstechen. Dressieren Sie dann die Maronimasse flach – aus dem „Türmchen" wird ein „Taler"...

Matcha-Bäumchen

WAS SIE BRAUCHEN:

- 200 g Butter/Pflanzenmargarine
- 80 g Birkenzucker, gemahlen
- ½ TL Vanillepulver
- 300 g Buchweizenmehl
- 1 EL Pfeilwurzelmehl, mit dem Buchweizenmehl vermischen
- 2 EL Matcha Teepulver
- ev. 2 Tropfen echtes äth. Zitronenöl (je nach Geschmack bzw. Verträglichkeit)

frisch & leicht

2 BLECHE, CA. 40 STÜCK

... UND WIE'S GEHT:

1. Das Backrohr auf 160° C vorheizen und das Backblech mit Backpapier belegen.
2. Alle Zutaten zu einem Teig verkneten und diesen 30 Minuten rasten lassen.
3. Den Teig 3–5 mm dünn ausrollen und Bäume ausstechen.
4. Auf unterster Schiene im Backrohr ca. 15 Minuten backen.
5. Herausnehmen, noch warm mit gemahlenem Birkenzucker bestreuen und auskühlen lassen.

WISSENSWERTES

Das leuchtend grüne traditionelle Getränk aus Japan gilt als Muntermacher und gesundheitsfördernder Super-Drink.

Für den Matcha Tee werden nur die Blätter von Teesträuchern geerntet, die 4 Wochen vor der Ernte beschattet sind. Durch die Beschattung entsteht das dunkelgrüne Blatt.
Nach dem Trocknen dieser Teeblätter werden sie in Steinmühlen zu besonders feinem Pulver gemahlen.
Matcha ist eine edle und teure Teesorte.

Tipp

Legen Sie den Teig beim Ausrollen zwischen 2 Blätter Butterbrotpapier, dann bleibt er nicht kleben.
Durch 2 Tropfen Zitronenöl bekommen die Keksерl einen erfrischenden Geschmack, der mit dem herben Geschmack des Teepulvers harmoniert.
Besonders fruchtig werden die Bäumchen, wenn jeweils zwei mit passierter Aprikosenmarmelade zusammengeklebt werden.

Mohnmonde

WAS SIE BRAUCHEN:

- 25 g Pflanzenmargarine/Butter
- 30 g Birkenzucker, gemahlen
- 60 g Buchweizenmehl
- 60 g Maismehl
- 1 TL Pfeilwurzelmehl
- 1 Prise Natron
- Geriebene Schale von ½ Zitrone
- 2 EL zerdrückte Banane (eine leine, sehr reife Banane)
- Preiselbeermarmelade zum Zusammensetzen

… UND WIE'S GEHT:

1. Das Backrohr auf 180° C vorheizen und das Backblech mit Backpapier belegen.
2. Alle Zutaten zu einem Mürbeteig verkneten und ca. 1 Stunde im Kühlschrank rasten lassen.
3. Den Teig dünn ausrollen und mit einer Form Monde ausstechen.
4. Aufs Backblech legen und ca. 15 Minuten backen.
5. Abkühlen lassen und mit der Preiselbeermarmelade zusammensetzen.
6. Die Mohnmonde bleiben in einer Dose 1 bis 2 Wochen frisch.

VARIATION:

Die Banane können Sie durch ein Ei ersetzen. Die Mohnmonde können Sie mit Schokolade überziehen oder mit der Spritztüte (ganz feine Öffnung) verzieren.

Statt der Preiselbeermarmelade können Sie natürlich auch andere „Kleber" verwenden – herbe Früchte passen aber besonders gut zu diesem Teig.

WISSENSWERTES

Wussten Sie, dass die Samen der farbenprächtigen Blüten ursprünglich Medizin waren? Bereits in der Antike verschrieben die Ärzte Mohnsamen als Schmerz- und Schlafmittel. Das außergewöhnliche Aroma der ölhaltigen Samen wird erst seit dem 16. Jahrhundert geschätzt. Aus der österreichischen Mehlspeisenküche ist diese Pflanze nicht mehr wegzudenken, sie hat einen hohen Stellenwert.
Falls Sie wegen der enthaltenen Opiate Bedenken haben: Durch die Hitze im Backofen werden diese Stoffe unschädlich gemacht!

Tipp

Wenn Sie die Möglichkeit haben umgemahlene Mohnsamen zu bekommen und diese frisch zu mahlen, dann entfalten sich die ätherischen Öle am besten.
Legen Sie den Teig beim Auswalken zwischen 2 Blätter Butterbrotpapier, dann bleibt nichts kleben.

Müslis

WAS SIE BRAUCHEN:

- 30 g Buchweizenflocken
- 30 g Hirseflocken
- 70 g gehackte Mandeln
- 1 TL Sesam
- 100 g getrocknete Aprikosen in 2 EL Wasser einweichen
- 100 g weiche Butter/Pflanzenmargarine
- 80 g Birkenzucker (oder 0,6 g Steviosidextrakt)
- 150 g Apfelmus
- 120 g glutenfreies Mehl
- 1 TL Weinsteinbackpulver
- 1 Prise Salz
- Mini-Muffin-Papierformen

JE NACH GRÖSSE CA. 20 –30 STÜCK

Nerven-
nahrung

... UND WIE'S GEHT:

1. Backofen auf 200° C vorheizen. Ein Backblech mit Backpapier belegen.
2. Eine Pfanne auf der Herdplatte erwärmen und darin Flocken, Mandeln und Sesam unter ständigem Rühren und ohne Öl anrösten, bis es duftet.
3. Die Pfanne von der Herdplatte nehmen (die Mischung brennt sonst an) und abkühlen lassen.
4. Die Butter mit Birkenzucker oder Steviosid und dem Apfelmus cremig verrühren, Mehl, Weinsteinbackpulver und Salz unterrühren.
5. Zuletzt die abgekühlte Flocken-Nuss-Mischung dazu geben, verrühren und in die vorbereiteten Formen füllen.
6. Ca. 15 Minuten backen, die Müslis sollen goldbraun sein.

VARIATION:

Falls Sie fertige Müslimischungen zur Hand haben, zählen Sie die entsprechenden, oben genannten Zutaten zusammen und ersetzen sie die gleiche Menge durch die Mischung. So entstehen Ihre persönlichen Lieblings-Müslis!

WISSENSWERTES

„Müsli" oder „Müesli" bezeichnet eine Mischung aus verschiedenen Flocken sowie Obst oder Trockenobst, die mit Milch, Joghurt oder Fruchtsaft zum Frühstück gegessen wird.

Das Müsli ist eine Schweizer Spezialität, die mittlerweile auf der ganzen Welt bekannt ist. Obwohl das Müsli hauptsächlich europäische Frühstückskultur ist, wird es in der Schweiz als leichte Mahlzeit am Abend gegessen.

Tipp

Ich verwende für dieses Gebäck oft meine „Reste" an Flocken, Trockenfrüchten und Mehlen! So entsteht jedesmal eine neue, köstliche Variation! Darum habe ich sie auch „Müslis" genannt – es gibt ja viele verschiedene Mischungen.

Nester

WAS SIE BRAUCHEN:

- 3 EL Pflanzenmargarine oder Butter
- 1 Ei
- 1 TL Nussöl
- 120 g Birkenzucker
- 2 Gläser Wasser
- 100 g Buchweizenmehl mit 1 Tl. Pfeilwurzelmehl
- 100 g gemahlene Haselnüsse
- 100 g Rosinen
- Preiselbeerenmus oder Marmelade bzw. Mus einer herben Frucht zum Füllen.
- Birkenzucker-Zimt-Mischung zum Bestreuen

1 BLECH, 20 STÜCK

... UND WIE'S GEHT:

1. Butter, Ei, Nussöl und Birkenzucker mit dem Wasser schaumig schlagen.
2. Nach und nach die restlichen Zutaten einmengen.
3. Die Masse 1 bis 2 Stunden ruhen lassen.
4. Das Backrohr auf 160° C vorheizen und das Backblech mit Backpapier belegen.
5. Mit Hilfe von 2 Teelöffeln kleine Häufchen auf das Backblech setzen.
6. In der Mitte platt drücken und darauf ½ Tl. Preiselbeeren geben.
7. Ins Rohr schieben und ca. 20 Minuten backen.
8. Aus dem Rohr nehmen und mit der Birkenzucker-Zimt-Mischung bestreuen.

Tipp

Ich wandle diese Nester je nach Anlass in Weihnachtsnester oder Osternester um. Die Weihnachtsnester veredle ich mit weihnachtlichen Gewürzen wie zum Beispiel Kardamom, Nelken oder Anis.

Nussbusserl

WAS SIE BRAUCHEN:

- 70 g Pflanzenmargarine oder Butter
- 60 g Birkenzucker
- 100 g geriebene Haselnüsse oder Mandeln
- 60 g geriebene Schokolade
- 1 EL Wasser
- Zum Verzieren einige ganze Haselnüsse

1 BLECH, 20–30 STÜCK

... UND WIE'S GEHT:

1. Ein Backblech mit Backpapier belegen. Das Backrohr auf 60° C Umluft vorheizen.
2. Alle Zutaten miteinander zu einem Teig verkneten, aus dem man anschließend kleine Kugeln formt.
3. Diese legen Sie auf das vorbereitete Backblech und verzieren Sie mit einer Haselnuss.
4. Das Backblech ins Backrohr auf mittlere Stufe schieben und die Nussbusserl bei 60° C 1 Stunde lang eher trocknen als backen.
5. Fertig sind die Busserl, wenn sie sich fest anfühlen.
6. Dann das Blech aus dem Ofen nehmen und die Busserl am Blech abkühlen lassen.

VARIATION:

Falls Sie Stevia als Süße verwenden wollen, dann nehmen Sie einfach mehr Nüsse. Die Masse sollte halbwegs fest sein und binden.

Tipp

Diese Busserl können auch mit anderen Nüssen zubereitet werden. Sehr fette Nüsse, wie Macadamia oder Walnüsse, sind nicht empfehlenswert, da die Busserl sehr flach werden können!

Nussecken

WAS SIE BRAUCHEN:

- 70 g Butter od. Pflanzenmargarine
- 50 g Birkenzucker
- 1 TL Vanillepulver
- 1 Ei
- 150 g Teffmehl
- 1 TL Pfeilwurzelmehl
- ½ TL Weinsteinbackpulver

FÜLLE

- 100 g zerlassene Butter
- 50 g Birkenzucker
- ½ TL Vanillepulver
- 1 EL Wasser
- 100 g grob gehackte Haselnüsse
- 100 g fein geriebene Haselnüsse
- 1 TL Pfeilwurzelmehl

ZUM BESTREICHEN

- Ein Glas säuerliche Marmelade (Johannisbeere, Preiselbeere, Kornelkirsche ...)
- Schokoladenglasur (Rezept auf S. 20) zum Tunken.

... UND WIE'S GEHT:

1. Ein Backblech mit Backpapier belegen. Das Backrohr auf 180° C vorheizen
2. Für den Teig aus den angegebenen Zutaten einen Teig kneten und auf dem vorbereiteten Backblech dünn ausrollen.
3. Für die Fülle den Birkenzucker mit der Vanille in der flüssigen Butter auflösen.
4. Die Nüsse mit dem Pfeilwurzelmehl gut verrühren und dann alles miteinander vermengen.
5. Jetzt wird die säuerliche Marmelade dünn auf den Teig gestrichen.
6. Darauf verteilen Sie nun die Nussmasse.
7. Die Nussecken werden ca. ½ Stunde gebacken.
8. Während der Backzeit die Schokoladenglasur zubereiten.
9. Wenn der Teig goldbraun ist, die Nussecken aus dem Backrohr nehmen und auskühlen lassen
10. In Rauten oder Quadrate schneiden und ungefähr bis zur Hälfte in die vorbereitete Glasur tunken. Trocknen lassen.

VARIATION:

Anstatt dem Teffmehl ist auch jedes andere glutenfreie Mehl gut, einfach das Lieblingsmehl oder Mehlreste verarbeiten.

Geben Sie zur Schokoladeglasur einen Tropfen ätherisches Orangenschalenöl – eine Geschmacksexplosion (wie es mein Mann nennt)!

Die Schokoladeglasur muss aber auch gar nicht sein – die Nussecken sind auch so ein Hit!

Tipp

Das Pfeilwurzelmehl dient zum Binden, damit die Nussmasse auch fest zusammenklebt. Bei Rezepten mit Industriezucker übernimmt dies die Glucose.

Orangen-Monde

WAS SIE BRAUCHEN:

- 1 Eidotter
- 40 g Birkenzucker, gemahlen
- 30 g Butter/Pflanzenmargarine
- 1 EL fein geriebene Schalen von 1 Bio-Orange
- 50 g Buchweizenmehl
- ½ TL Weinsteinbackpulver
- 30 g geriebene Mandeln
- Zum Glasieren Schokoladenglasur
- Eventuell feingehackte Orangenschale zum Dekorieren

... UND WIE'S GEHT:

1. Das Backrohr auf 200° C vorheizen. Das Backblech mit Backpapier belegen.
2. Dotter mit dem Birkenzucker und der Butter cremig verrühren.
3. Die Orangenschalen, Mehl mit Weinsteinbackpulver und geriebene Mandeln vermengen und mit der Buttermasse zu einem Teig verkneten. Je nach Mehlsorte kann es sein, dass Sie etwas mehr Mehl nehmen müssen, da der Teig sonst zu klebrig ist.
4. Den Teig auswalken und Monde ausstechen.
5. Auf das Backblech legen und ca. 8 Minuten hellbraun backen.
6. Nach dem Auskühlen werden die Monde zur Hälfte in die Schokoladenglasur getunkt und sofort mit einigen gehackten Orangenschalen dekoriert.

VARIATION:

Wie am Bild ersichtlich, klebe ich die Orangenmonde gerne zusammen. Ich verwende dafür Orangengelee bzw. Orangenmarmelade und tauche die Monde nach dem Zusammenkleben in Schokoladenglasur

Tipp

Dieser Teig ist mit Buchweizenmehl am einfachsten zu bearbeiten. Ich habe ihn auch schon mit Reismehl und Hirsemehl probiert, doch diese Mehle machen den Teig sehr klebrig.

Orangenkekse

WAS SIE BRAUCHEN:

- 120 g Butter/Pflanzenmargarine
- 2 Eidotter
- 60 g Birkenzucker, gemahlen
- 120 g Maismehl
- 120 g Hirsemehl
- 1 TL Pfeilwurzelmehl
- ev. einen Schuss Orangensaft
- fein geriebene Schale von 1 Bio-Orange
- ½ TL Weinsteinbackpulver
- 1 Prise Salz

GLASUR:

- 2 EL Orangensaft
- 120–150 g Birkenzucker, gemahlen

DEKORATION

- fein geriebene oder fein geschnittene Schalen von 1 Bio-Orange

JE NACH GRÖSSE CA. 25–40 STÜCK

... UND WIE'S GEHT:

1. Das Backrohr auf 150° C vorheizen und das Backblech mit Backpapier belegen.
2. Die Butter mit dem Mixer sehr schaumig rühren, Dotter und Birkenzucker dazugeben und alles miteinander zu einer cremigen Masse mixen.
3. Die Mehle mit dem Weinsteinbackpulver und dem Salz vermengen.
4. Nun die cremige Buttermasse mit den Mehlen und der Orangenschale zu einem geschmeidigen Teig verkneten.
5. Nach Bedarf den Orangensaft dazu.
6. Der Teig wird ca. ½ cm ausgewalkt, mit beliebigen Formen zu Keksen ausgestochen und im Rohr bei 150° C etwa 10 Minuten gebacken.
7. Herausnehmen und noch warm glasieren und mit Orangenschalen dekorieren.

Tipp

Ich rolle Teig grundsätzlich eher dünn aus. Diese Kekse sind eine Ausnahme, denn sie entfalten ihren fruchtigen Geschmack am besten, wenn sie etwas dicker sind. Lassen Sie die fertigen Kekse einige Tage kühl und trocken „ziehen", so entwickelt sich die fruchtige Note optimal!

VARIATION:

Die Orangen können durch alle Zitrusfrüchte, wie Mandarinen, Zitronen oder Limetten ersetzt werden.
Als Sommer-Gebäck sind die Kekse mit Zitronenschale sehr fein – leicht säuerlich und erfrischend im Geschmack!

quer durchs Jahr

Pariser Mandelblätter

WAS SIE BRAUCHEN:

- 3 Eiklar
- 80 g Birkenzucker, gemahlen oder 1 Messerspitze Steviosid (ca. 0,3 g)
- 70 g gestiftelte Mandeln

Tipp

Schneiden Sie den Teig noch im warmen Zustand, sonst bricht er sehr leicht.

... UND WIE'S GEHT:

1. Ein Backblech mit Backpapier belegen. Backofen auf 180° C vorheizen.
2. Die Mandelstifte in einer Pfanne (ohne Fett) goldbraun rösten. Abkühlen, danach fein reiben und mit dem Birkenzucker vermischen.
3. Eiklar zu steifem Schnee schlagen und mit der Mandelmasse verrühren.
4. Den Teig regelmäßig und sehr dünn auf das Blech streichen und etwa 15 Minuten backen.
5. Die Oberfläche sollte leicht gebräunt sein.
6. Aus dem Rohr nehmen und in regelmäßige Stücke (6 x 6 cm) schneiden.
7. Trocken aufbewahrt bleiben die Mandelblätter viele Tage knusprig.

VARIATION:

Die Mandelblätter lernte ich in Paris kennen und habe sie auf gut Glück nachgebacken, jedoch auf die Fülle verzichtet. Die original „Pariser Mandelblätter" waren mit einer sehr intensiven Butter-Kakao-Creme gefüllt.

CA. 30 STÜCK

frisch & leicht

Pfefferminz-Hirse-Taler

JE NACH GRÖSSE CA. 30–40 STÜCK

WAS SIE BRAUCHEN:

- 100 g Butter/Pflanzenmargarine
- 2 Eier
- 60 g Birkenzucker, gemahlen
- 150 g Hirsemehl
- 2 El feingehackte, frische Pfefferminzblätter
- Pfefferminzblättchen und -blüten zum Dekorieren

Tipp

Als Nachtisch serviert, sind die minzig-süßen Kekse verdauungsfördernd.

... UND WIE'S GEHT:

1. Backrohr auf 180° C Umluft vorheizen. Backblech mit Backpapier belegen.
2. Aus den angegebenen Zutaten rühren Sie einen Teig, unter den Sie abschließend die gehackte, frische Pfefferminze unterheben.
3. Mit 2 kleinen Löffeln oder einem Spritzsack mit großer runder Tülle werden nun aus dem Teig kleine Taler auf das vorbereitete Backblech gemacht.
4. Bei 180° C Umluft werden die Taler ca. 10 Minuten gebacken. Die Ränder dürfen goldig-braun werden.
5. Auskühlen lassen und mit kleinen Pfefferminzblättchen und Pfefferminzblüten bestreuen, bevor sie serviert werden.

VARIATION:

Diese kleinen Taler können mit allerlei frischen Kräutern gefertigt werden: Zitronenmelisse, Lavendel, Minzearten, Rosmarin und Majoran schmecken ausgesprochen lecker.
Sie schmecken auch mit Schokoladenstückchen oder gehackten Nüssen.

WISSENSWERTES

Die Pfefferminz-Hirse-Taler sind nicht nur bekömmlich und erfrischend, sondern auch gesundheitlich hilfreich bei Verdauungsbeschwerden (Blähungen oder Völlegefühl), Kopfschmerzen oder Erkältungen.

Rosinenschnitten

WAS SIE BRAUCHEN:

- 150 g sehr weiche Butter oder Pflanzenmargarine
- 50 g Birkenzucker, gemahlen
- 150 g Buchweizenmehl mit 1 TL Pfeilwurzelmehl
- 100 g gemahlene Mandeln

BELAG:

- 2 Eier
- 140 g gem. Xylit
- 70 g Süßlupinenmehl mit ½ TL Pfeilwurzelmehl
- 1 TL Apfelkuchengewürz
- 250 g Rosinen
- ¼ l Rum (z.B.aus dem Rumtopf) bzw. Apfelsaft

½ BACKBLECH, CA. 30 SCHNITTEN

... UND WIE'S GEHT:

1. Das Backrohr auf 180° C vorheizen und das Backblech mit Backpapier belegen.
2. Die Rosinen waschen und in den Apfelsaft bzw. in den Rum einlegen.
3. Für den Teig werden alle angegebenen Zutaten verrührt und auf das Backblech gestrichen.
4. Das Blech ins Rohr schieben und den Teig ca. 15 Minuten backen.
5. Für die Fülle werden die Eier mit dem Birkenzucker verrührt, anschließend die Mehlmischung und die abgetropften Rosinen untergemengt.
6. Die Fülle auf der vorgebackenen Teigplatte verteilen und anschließend ca. 30 Minuten fertigbacken.
7. Kuchen aus dem Backrohr nehmen, auskühlen lassen und in Schnitten schneiden. Dick mit Birkenzucker bestreuen.
8. In einer verschlossenen Dose aufbewahrt, halten die Rosinenschnitten einige Wochen.

Tipp

Die Rosinenschnitten machen sich auch gut als Rosinen-Ecken oder Rosinen-Würfel!

WISSENSWERTES

Durch ihren Gehalt an Salicylsäure wirken getrocknete Weintrauben, also Rosinen, schwach schmerzlindernd und entzündungshemmend.

Außerdem sind Rosinen gut bei übersäuertem Magen, sie wirken basisch – ein Esslöffel Rosinen reicht dafür meist aus.

Schoko-Bananen-Kekse

WAS SIE BRAUCHEN:

- 90 g Maismehl
- 1 TL Pfeilwurzelmehl
- 20 g Birkenzucker, gemahlen
- 50 g Butter/Pflanzenmargarine
- 1 Ei
- 4 TL Kakopulver
- ½ TL Vanillepulver
- 1 Prise Salz

BANANENMASSE:

- 30 g Bananenchips (getrocknete Bananen)
- 40 g fein gemahlene Walnüsse
- ca. 40 ml Obers (Sahne)
- ca. 40 g Birkenzucker
- Einige Bananenchips zum Dekorieren.

JE NACH GRÖSSE CA. 30–35 STÜCK

Nerven-nahrung

... UND WIE'S GEHT:

1. Für die Schokoladenmasse alle Zutaten zu einem mürben Teig verarbeiten, diesen mindestens 1 Stunde kühl rasten lassen.
2. Das Backrohr auf 160° C vorheizen und das Backblech mit Backpapier belegen.
3. Nach der Ruhezeit den Teig ausrollen und daraus runde Formen ausstechen.
4. Auf das vorbereitete Backblech legen.
5. Für die Bananenmasse Obers mit dem Birkenzucker aufkochen und die zerkleinerten Bananenchips und fein gemahlene Walnüsse dazugegeben. Die Masse sollte einige Minuten leicht köcheln (dabei bleiben und umrühren!).
6. Danach abkühlen lassen.
7. Die Bananenmasse mit 2 kleinen Löffeln in kleinen Häufchen auf den runden Keksen verteilt.
8. Eventuell mit kleinen Bananenchipsstückchen verzieren und ca. 15–20 Minuten backen.

WISSENSWERTES

Die TCM empfiehlt reife Bananen bei Darmträgheit und Konzentrationsschwäche. Außerdem helfen sie bei Magenübersäuerung, Rheuma und Gicht.

VARIATION:

Probieren Sie die Bananenmasse auch mit einer kleinen, reifen Banane!

Dafür die Menge der Bananenchips verdoppeln oder verdreifachen (je nach Geschmack) und das Aufkochen und die Sahne weglassen. Den Birkenzucker sollten Sie bei dieser Variante fein mahlen, weil sich die Kristalle nicht ganz auflösen.

Schokobrot

WAS SIE BRAUCHEN:

» 3 Eier
» 120 g dunkle Schokolade
» 120 g Pflanzenmargarine oder Butter
» 120 g Mandeln, gemahlen
» 50 g Birkenzucker, gemahlen
» 1 gehäufter EL Maisstärke
» Schokoladenglasur (siehe S. 20)

... UND WIE'S GEHT:

1. Die Backform mit Backpapier auslegen. Backofen auf 175° C vorheizen.
2. Die Schokolade im Wasserbad schmelzen.
3. Die Margarine bzw. Butter mit dem Birkenzucker verrühren und nacheinander die Eier dazu geben.
4. Dann die Mandeln, die geschmolzene Schokolade und die Maisstärke einrühren.
5. Den Teig in die Backform gießen und bei 175° C ca. 40 Minuten backen, anschließend abkühlen lassen.
6. Die Schokoladenglasur bereiten, auf den Teig streichen und mit den Mandeln regelmäßig belegen.
7. Wenn die Glasur fest geworden ist, mit einem Messer (in heißes Wasser tauchen!) gleichmäßige Stücke schneiden.

VARIATION:

Ersetzen Sie die Mandeln durch Haselnüsse! Wer Nüsse nicht verträgt, ersetzt durch Kokosflocken.

Tipp

Das Schokobrot ist ein leichter und saftiger Kuchen, dem man mit einer Prise Zimt oder Lebkuchengewürz eine weihnachtliche Note verleihen kann!

WISSENSWERTES

Dunkle Schokolade (mit hohem Kakaoanteil!) ist gesund. Die beste gibt es in Bio-Qualität oder sie ist hausgemacht.

HIER MEIN GRUNDREZEPT FÜR DUNKLE SCHOKOLADE:

- *100 g Kakaobutter*
- *2 große EL weißes Mandelmus*
- *3 EL Birkenzucker*
- *2 EL Kakaopulver*
- *Vanille aus einer Vanilleschote*

Gewürze wie Kardamom, Zimt, Lebkuchengewürz, Chili etc. passen wunderbar in eine gesunde Schokolade.

1. *Kakaobutter schmelzen*
2. *Die restlichen Zutaten einrühren.*
3. *In Pralinenförmchen gießen und erkalten lassen.*

Oder Sie befüllen die Pralinenförmchen nur bis zur Hälfte, geben dann in jedes Förmchen eine Sultanine, eine Gojibeere, eine Mandel oder was auch immer Ihnen gefällt und füllen jetzt die restliche Hälfte der Schokolade ein.

Schoko-Feigen-Krapferl

WAS SIE BRAUCHEN:

- 2 Eier
- 1 Eidotter
- 200 g Birkenzucker, gemahlen
- 2 EL Lieblingsmehl
- 300 g geriebene Walnüsse
- 7 klein geschnittene Dörrfeigen
- 100 g fein gehackte, dunkle Schokolade
- Johannisbeergelee oder Preiselbeermus zum Füllen

JE NACH GRÖSSE CA. 25–40 STÜCK

Nerven-
nahrung

... UND WIE'S GEHT:

1. Das Backrohr auf 150° C vorheizen. Das Backblech mit Backpapier belegen.
2. Die Eier werden mit dem Birkenzucker schaumig gerührt.
3. Danach alle übrigen Zutaten untermengen.
4. Aus dieser zähen Masse kleine Kugeln formen und auf das Backblech legen.
5. Mit einem Kochlöffelstiel drücken Sie eine Mulde in jede Kugel und füllen dieselbe mit Fruchtgelee oder Fruchtmus.
6. Die Krapferl ca. 10 Minuten gebacken.

Tipp

Es zahlt sich geschmacklich aus, wenn man die Masse einige Stunden stehen lässt, auch über Nacht.
Ein tolles Rezept zum Vorbereiten bzw. zum „Nicht-alles-auf-einmal-backen".

BASISCH SÜSSEN MIT FEIGEN!

Haben Sie gewusst, dass die Feige zu den basischsten Lebensmitteln gehört, die es gibt? Die Frucht ist ein gewaltiger Kohlenhydrat- und Eiweißlieferant, wobei die Glukose- und Fruktosemoleküle an Mineralstoffe gebunden sind. Somit kann man, wenn man einmal Lust auf Süßes verspürt, ohne schlechtes Gewissen zugreifen.
Die vielfältigen positiven Effekte auf unsere Gesundheit überzeugen zusätzlich.
Der Blutzucker wird aufgrund der optimalen Zuckerzusammensetzung reguliert und die Ballaststoffe verhelfen zur vorzeitigen Sättigung – daher optimal zum Abnehmen.
Insulinspiegelsenkend bei Diabetes, regt den Stoffwechsel an und löst Verstopfung, bietet guten Schutz gegen Makulardegeneration, versorgt Zähne und Knochen mit Kalzium und fördert Stressabbau, Zufriedenheit und guten Schlaf!

Meine Oma wusste es schon:
Der Saft unreifer Feigen kann als natürliches Mittel gegen Warzen genutzt werden.

Schokoladenkekse

WAS SIE BRAUCHEN:

- 30 g Butter oder Pflanzenmargarine
- 230 g dunkle Schokolade
- 2 Eier
- 50 g Birkenzucker, gemahlen
- 1 TL Vanillepulver
- ½ TL Zimt oder Lebkuchengewürz
- 80 g gemahlene Mandeln
- 50 g Süßlupinenmehl
- 1 TL Pfeilwurzelmehl, mit dem Süßlupinenmehl vermischen

JE NACH GRÖSSE CA. 50 STÜCK

… UND WIE'S GEHT:

1. Butter und Schokolade im Wasserbad schmelzen.
2. Die Eier mit dem Birkenzucker verrühren und die Schokolademasse dazugeben.
3. Die gemahlenen Mandeln, Vanillepulver und Zimt unterrühren und alles zu einem zähen Teig vermengen.
4. Dieser Teig rastet über Nacht im Kühlschrank.

AM NÄCHSTEN TAG:

1. Das Backrohr auf 160° C vorheizen und ein Backblech mit Backpapier belegen.
2. Den Rührteig aus dem Kühlschrank nehmen und mit dem Mehl zu einem festeren Teig verkneten.
3. Kleine Kugeln formen und am Blech – mit etwas Abstand – zuerst leicht andrücken und anschließend mit einer Gabel platt drücken.
4. Die Schokoladenkekse werden ca. 30 Minuten gebacken.
5. In einer verschlossenen Dose bleiben sie einige Tage weich.

WISSENSWERTES

Das Wort Schokolade leitet sich ab von „Xocolatl", dem aztekischen Wort für „bitteres Wasser". Die Azteken mischten fein geriebenen Kakao mit kaltem Wasser und tranken diese Mischung ungesüßt und dickflüssig.

Im Jahre 1545 diente die Kakaobohne in Teilen Amerikas als Zahlungsmittel. Auf einer Preisliste aus diesem Jahr kostet eine große Tomate soviel wie eine Kakaobohne. Ein Truthahn kostete 200 Kakaobohnen.

Und 1819 wurde in der Schweiz (am Genfersee, in Vevey) von Francois-Louis Cailler die erste Schokoladenfabrik gegründet.

Tipp

Aus diesem Teig können Sie viele verschiedene Formen herstellen und backen – Stangerl, Kipferl, Brezerl …. Fruchtig werden sie, wenn man sie mit Marmelade zusammensetzt und noch schokoladiger, wenn sie in Schokoladenglasur getunkt bzw. damit überzogen werden!

Spekulatius

WAS SIE BRAUCHEN:

- 120 g Butter/Pflanzenmargarine
- 80 g Birkenzucker, gemahlen
- ca. 30 g Soja- oder Mandelmilch
- 200 g Buchweizenmehl
- 1 EL Pfeilwurzelmehl, mit dem Buchweizenmehl vermischen
- ½ TL Weinsteinbackpulver
- 50 g gemahlene Mandeln
- 1 Prise Zimt
- 1 Prise gemahlene Muskatnuss
- 1 Prise Nelkenpulver
- geriebene Zitronenschale von ½ Bio-Zitrone
- 1 Prise Salz

JE NACH GRÖSSE CA. 50 STÜCK

typisch weihnachtlich

… UND WIE'S GEHT:

1. Butter, Birkenzucker, Milch und alle restlichen Zutaten rasch zu einem glatten Teig verkneten und anschließend 2 Stunden im Kühlschrank rasten lassen.
2. Das Backrohr auf 170° C vorheizen und das Backblech mit Backpapier belegen bzw. Spekulatius-Backform mit Fett ausstreichen.
3. Wenn Sie eine Spekulatius-Backform haben, werden kleine Stücke vom Teig in die Formen gedrückt und glatt verstrichen.
4. **Ohne Spekulationsbackform:** Den Teig ca. 3 mm dick ausrollen, Formen ausstechen und eventuell mit Stempel Muster eindrücken.
5. Im Rohr ca. 10 Minuten goldbraun backen.
6. Auskühlen lassen und aus der Form nehmen.

WISSENSWERTES

Seit dem Mittelalter wird am 6. Dezember zu Ehren des Hl. Nikolaus, Bischof von Myra, ein würziges Gebäck aus Mürbeteig gebacken – der Spekulatius. Spekulatius stammt vom lateinischen Wort „speculator", was Aufseher bedeutet und ein alter Titel für einen Bischof war. Die Niederlande sind laut Aufzeichnungen das Ursprungsland für dieses traditionelle Weihnachtsgebäck.

Tipp

Gewürzvarianten sind: abgeriebene Orangenschale, Ingwer, Lebkuchengewürz oder Bittermandelöl.

Sie können den Teig auch zu Rollen formen, diese in gemahlenen Nüssen, Kokosflocken o.ä. wälzen, dünne Scheiben abschneiden, backen und fertig.

Steirer Kugerl

WAS SIE BRAUCHEN:

- 250 g Kürbiskerne, natur (ungesalzen)
- 100 g Pflanzenmargarine /Butter
- 100 g Birkenzucker, gemahlen
- 1 Prise Salz
- 1 Prise Vanillepulver
- 150 g Schokolade
- 1–2 EL Wasser

JE NACH GRÖSSE 40–50 STÜCK

... UND WIE'S GEHT:

1. Die Schokolade im Wasserbad langsam schmelzen.
2. Die Kürbiskerne in einer Pfanne ohne Öl rösten. Fertig geröstet sind sie, wenn sie stark nach Kürbiskernöl duften.
3. Anschließend fein mahlen (Küchenmaschine) und davon die Hälfte mit den restlichen Zutaten verrühren.
4. Die Masse soll ca. 1 Stunde kühl rasten.
5. Kugeln formen und in den restlichen Kürbiskernen wälzen.
6. Die Kugeln behalten kühl gelagert ca. 1 bis 2 Wochen ihr Aroma.

Tipp

Wer es „geistiger" will, nimmt anstatt des Wassers 2 Esslöffel Rum. Dieses Konfekt passt wunderbar zu einem Gläschen Wein.

WISSENSWERTES

Der Name dieser herrlichen Kugeln stammt vom „österreichischen Kürbisland" – der Steiermark.

Kürbiskerne und auch das daraus gewonnene Kürbiskernöl haben – aufgrund des Inhaltsstoffes Linolsäure – starke gesundheitliche Wirkungen.

Süße Schneeflocken

WAS SIE BRAUCHEN:

- 1 Dotter
- 100 g Pflanzenmargarine oder Butter
- 50 g Birkenzucker, gemahlen
- 150 g Maismehl
- 1 TL Pfeilwurzelmehl
- Birkenzucker, gemahlen, mit Vanillepulver zum Bestreuen
- eventuell Marmelade zum Füllen

typisch weihnachtlich

... UND WIE'S GEHT:

1. Aus den Zutaten einen geschmeidigen Teig zubereiten und anschließend mindestens 2 Stunden kühl rasten lassen.
2. Ein Backblech mit Backpapier belegen. Backofen auf 170° C vorheizen.
3. Auf einem mit Birkenzucker bestreuten Backbrett oder zwischen 2 Lagen Backpapier wird der Teig ca. 3 mm dick ausgerollt, Schneeflocken ausgestochen und anschließend ca. 12 Minuten gebacken.
4. Wenn sich die Schneeflocken zart-braun färben, nehmen Sie das Blech aus dem Rohr und bestreuen sie noch warm mit dem Birkenzucker-Vanille-Gemisch.

VARIATION:

Mit Marmelade können immer 2 Schneeflocken zusammengeklebt werden. In einer Keksdose kühl aufbewahrt, wird diese Variation nach 1 bis 2 Tagen herrlich mürbe und fruchtig.

WISSENSWERTES

Schneekristalle sind Kunstwerke der Natur, kein Kristall gleicht dem anderen – jeder ist ein Einzelstück!
In der Wolke fängt alles an: Ein Kügelchen aus Staub und Wasser formt sich immer wieder um, bis ein Urkristall mit einer sechseckigen Grundfläche entsteht – die Geburt jedes Schneekristalls. Schneekristalle wachsen bei Temperaturen zwischen minus 10 und minus 22 Grad Celsius. Je feuchter die Luft, desto feiner sind sie. Forscher nennen die feinen, verzweigten Sternenmuster „Dendriten".

Tipp

Diese Kekse lassen sich gut glasieren; mit Zitronenglasur, Schokolade ...

Szekler Stangerl

WAS SIE BRAUCHEN:

- 2 Eier
- 220 g Butter/Pflanzenmargarine
- 100 g Birkenzucker, gemahlen
- 250 g Sojamehl
- 125 g Buchweizenmehl
- 1 EL Pfeilwurzelmehl
- 1 Pkg. Weinsteinbackpulver
- zuckerfreie Marmelade oder Fruchtmus zum Bestreichen

GUSS:

- 6 Eier
- 300 g Birkenzucker, gemahlen
- 1 TL Keks-Gewürzmischung (siehe S. 19)
- 320 g gemahlene Nüsse (Mandeln oder Haselnüsse)
- 1 EL Pfeilwurzelmehl

Klassiker

... UND WIE'S GEHT:

1. Aus den angegebenen Zutaten einen mürben Teig zubereiten und diesen etwa 1 Stunde (darf auch länger sein) rasten lassen.
2. Das Backrohr auf 180° C vorheizen und das Backblech mit Butter einfetten.
3. Den Teig ca. ½ cm auswalken und auf das Backblech legen.
4. Das Fruchtmus bzw. die Marmelade wird auf dem Teig regelmäßig verstrichen.
5. Für den Guss werden die Eier mit dem Birkenzucker, dem Gewürz und dem Pfeilwurzelmehl schaumig geschlagen.
6. Die gemahlenen Nüsse zugeben und die entstandene Masse über dem Fruchtmus verteilen.
7. Anschließend ca. 35 bis 40 Minuten backen, bis der Guss hellbraun geworden ist.
8. Nach der Backzeit auskühlen lassen und in mundgerechte Vierecke schneiden.

WISSENSWERTES

Dieses Gebäck stammt ursprünglich aus Ungarn.Die „Szekler" (oder Segler) sind eine Bevölkerungsgruppe im Osten Siebenbürgens (Rumänien). Sie sprechen den ungarischen Székler-Dialekt.

VARIATION:

Lassen Sie den Kuchen vollständig auskühlen, sonst bricht beim Auseinanderschneiden die oberste Schicht vom Guss.
Ich tauche das Messer beim Schneiden immer wieder in heißes Wasser und wische den Teig runter, der beim Schneiden kleben bleibt; so werden die Schnittkanten „scharf"!
Variieren Sie Fruchtmus bzw. Marmelade! Ich verwende gerne Aprikosen- (Marille) oder Johannisbeerenmus.
Unterteilen Sie den Teig in 2 Hälften – eine Hälfte z.B. Aprikosenmus, die andere Hälfte Johannisbeermarmelade – haben Sie zwei Geschmacksrichtungen bei nur einem Backvorgang!

Tante Ermis mürbe Kekse

WAS SIE BRAUCHEN:

- » 100 g kalte Butter/Pflanzenmargarine
- » 1 Eidotter
- » 40 g Birkenzucker, gemahlen
- » ½ TL Vanillepulver oder Keksgewürzmischung (siehe S. 19)
- » 150 g Buchweizenmehl
- » ½ TL Pfeilwurzelmehl
- » 1 verquirltes Ei zum Bestreichen

JE NACH GRÖSSE CA. 30–40 STÜCK

typisch weihnachtlich

… UND WIE'S GEHT:

1. Die Mehle mit dem Zucker und dem Vanillepulver vermengen, die Butter mit dem Mehl-Zucker-Gemisch abbröseln und mit dem Dotter zu einem Mürbeteig verarbeiten. Der Teig sollte dann mindestens 1 Stunde im Kühlschrank rasten.
2. Backrohr auf 180° C vorheizen. Backblech mit Backpapier belegen.
3. Ausrollen und mit den verschiedensten Formen Kekse ausstechen.
4. Auf das vorbereitete Backblech legen und 10 bis 15 Minuten goldbraun backen.

VARIATION:

› *Eine gerade Anzahl derselben Formen backen und mit Fruchtmus oder erweichter Schokolade zusammensetzen.*

› *Mit Zitronen-, Orangen- oder Schokoladenglasur bestreichen und mit gemahlenen Nüssen oder Kernen bestreuen.*

› *Einen Tannenbaum aus 5–6 verschieden großen Stern-Keksen „bauen", indem die Sterne der Größe nach übereinander mit Glasur zusammengeklebt werden, der größte Stern ist dabei ganz unten.*

› *Mit einem EL Kakaopulver im Teig entstehen supergute Schokokekse! Dafür etwas mehr Butter nehmen.*

WISSENSWERTES

Das Ausstechen bzw. Ausscheiden von Formen aus Keksteig war schon zur Zeit der Kelten Tradition. Zum Fest der Wintersonnenwende (unser heutiges Weihnachtsfest) vom 21. auf den 22. Dezember buken sie Fladen aus zermahlenen Getreidekörnern und Honig, die vor bösen Dämonen schützen sollten und als Opfergaben für Götter und Naturgeister dienten.
Später, in christlichen Zeiten, wurde diese Tradition übernommen, jedoch formmäßig verändert. Anstatt der Opferbrote wurden Plätzchen in Tierform gebacken, die an die Tieropfer der vorchristlichen Zeit erinnern sollten.

Die ersten Weihnachtskekse, so wie wir sie heute kennen und jährlich backen, sind vermutlich in den mittelalterlichen Klöstern entstanden.

Vanillekipferl

WAS SIE BRAUCHEN:

- 100 g Butter/Pflanzenmargarine
- 70 g Buchweizenmehl
- 70 g Maisstärkemehl
- 30 g Birkenzucker, gemahlen
- 50 g geriebene Mandeln oder Haselnüsse
- Birkenzucker, gemahlenen, mit Vanillepulver zum Wälzen

JE NACH GRÖSSE CA. 25–50 STÜCK

typisch weihnachtlich

... UND WIE'S GEHT:

1. Die Butter mit den Mehlen verbröseln und mit dem Birkenzucker und den Nüssen zu einem geschmeidigen Teig verarbeiten. Den Teig zu einer Rolle formen und etwa 1 Stunde kühl rasten lassen.
2. Backrohr auf 180° C vorheizen. Backblech mit Backpapier belegen.
3. Von der Teigrolle gleich große Stücke abschneiden und Kipferl formen.
4. Die Kipferl werden auf das vorbereitete Backblech gelegt und etwa 10 Minuten gebacken.
5. Während die Kipferl im Backrohr sind, geben Sie die Birkenzucker-Vanille-Mischung in eine flache Schale. Die noch warmen Kipferl werden sehr vorsichtig im Vanillezucker gewälzt.

WISSENSWERTES

Wussten Sie, dass Vanille neben dem Gewürz Safran über Jahrhunderte als das teuerste Gewürz der Welt galt?
1874 erfand der deutsche Forscher Wilhelm Haarmann einen synthetischen Ersatz für Vanille – das Vanillin.

Als „Kipferl“ bezeichnet man eine längliche, gebogene Backware, wie das traditionelle Weihnachtsgebäck Vanillekipferl.
In manchen Regionen Deutschlands sagt man auch „Hörnchen“ oder „Gipfel“ (im Südwesten Deutschlands).
Wenn Sie in Ungarn Kipferl wollen, müssen Sie nach „kifli“ fragen, in Kroatien nach „kifla“ und in Italien nach „kifel“.

Das „Kipferl“ wird urkundlich bereits im 12. Jh. erwähnt und im 17. Jh. sogar im Zusammenhang mit einer Bäckerei in der Nähe von Wien (in Mödling).

Das Vanillekipferl entwickelte sich seit dem Jahr 1874 (Erfindung des Vanillin) zum erfolgreichsten Weihnachtsgebäck in Europa.

Vanille-Schoko-Cookies

WAS SIE BRAUCHEN:

- » 100 g Butter/Pflanzenmargarine
- » 2 Eier
- » 60 g Birkenzucker, gemahlen
- » 100 g Buchweizenmehl
- » 50 g Reismehl
- » 3 EL grob gehackte Schokolade
- » 1 Vanilleschote

... UND WIE'S GEHT:

1. Backrohr auf 180° C Umluft vorheizen. Backblech mit Backpapier belegen.
2. Die Butter mit den Eiern und dem Birkenzucker vermixen.
3. Jetzt schneiden Sie die Vanilleschote der Länge nach auf, kratzen das Mark mit einem Messer (Buttermesser) heraus und rühren es unter die Buttermasse.
4. Zuletzt die Mehle und die grob gehackte Schokolade unterheben.
5. Aus dieser Masse kleine Häufchen auf das vorbereitete Backblech geben und ca. 10 Minuten backen.

Tipp

1–2 Tage nach dem Backen sind die Vanille-Schoko-Cookies sehr aromatisch.

VARIATION:

Falls Sie keine Vanilleschote zuhause haben, nehmen Sie 1 gehäuften TL Vanillepulver. Geschmacklich kommt diese Variante nicht an das frische Mark heran – es sollte eine Notlösung bleiben. Verwenden Sie Ihre Lieblingsschokolade! Von weiß bis ganz dunkel. Für Zitrus-Fans: Geben Sie einen Tropfen ätherisches Orangenschalenöl zum Teig, das harmoniert besonders mit ganz dunkler Schokolade. Auch Minze-Öl schmeckt herrlich! Im Sommer sehr erfrischend und in Kombination mit Schokolade wirklich ein Genuss!

Weichsel-Schoko-Kugeln

WAS SIE BRAUCHEN:

- 100 g Schokolade
- 200g gemahlene Haselnüsse
- 50 g Birkenzucker
- 2 Eiweiß
- ½ TL Vanillepulver
- ½ TL Zimt
- ca. 50 eingelegte, entsteinte Weichseln oder Rumtopfweichseln/ Amarenakirschen
- ca. 4 EL Birkenzucker zum Wälzen

JE NACH GRÖSSE 40–50 STÜCK

fruchtig

… UND WIE'S GEHT:

1. Das Backrohr auf 120° C vorheizen und das Backblech mit Backpapier belegen.
2. Schokolade, Nüsse und Birkenzucker fein reiben und mit den 2 Eiklar verrühren (der Teig wird sehr trocken!).
3. Die Weichseln gut abtropfen lassen.
4. Mit einem Teelöffel ein Stück Schokomasse in die Handfläche nehmen und mit der anderen Hand platt drücken.
5. Eine Weichsel darauflegen und mit der Schokomasse einhüllen.
6. Die Kugeln legen Sie auf das Backblech und lassen die Weichsel-Schoko-Kugeln ca. ½ Stunde trocknen.
7. Nach dem Herausnehmen sofort im Birkenzucker wälzen, auf ein Teller legen und in einen kühlen Raum stellen.
8. Wenn sie abgekühlt sind, legen Sie sie in eine gut verschließbare Dose (aus Blech!) und bewahren sie kühl auf. Sie halten einige Wochen, werden aber immer trockener.

WISSENSWERTES

„Weichsel" ist der in Österreich, in der Schweiz und in Altbayern gebräuchliche Begriff für die Sauerkirsche oder Weichselkirsche.

Tipp

Beim Umhüllen der Weichsel hilft es, wenn Sie sich die Hände immer wieder mit kalten Wasser benetzen.
Je nach Vorlieben und Geschmack kann man für dieses Konfekt natürlich auch Kirschen verwenden, es schmeckt dann nicht so säuerlich.

Weihnachtsstollen

WAS SIE BRAUCHEN:

- 350 g Mehl
- 1 geh. EL Pfeilwurzelmehl
- 150 ml Mandelmilch
- 1 kl. Löffel Haushaltszucker
- 25 g frische Hefe
- 150 g Butter/Pflanzenmargarine
- 1 Eidotter
- 50 g Birkenzucker, gemahlen
- ½ TL Vanillepulver
- 1 Prise Salz
- 10 ml Rum
- 150 g gehackte Trockenfrüchte
- 150 g gehackte Nüsse (Pekannuss, Walnuss, Mandel, Haselnuss)
- 100 g zerlassene Butter (zum Bestreichen)
- 100 g Birkenzucker, gemahlen (zum Wälzen)
- ¼ l lauwarmes Wasser mit einem Schuss Rum oder Fruchtsaft (zum Einweichen der Trockenfrüchte)

15–20 STÜCK/SCHEIBEN

typisch weihnachtlich

… UND WIE'S GEHT:

1. Die gehackten Trockenfrüchte im lauwarmen Wasser mit Rum oder Fruchtsaft einweichen.
2. Ein Dampfl bereiten: Die Mandelmilch lauwarm machen, den Haushaltszucker darin auflösen und die Hefe darin auflösen. Die Hälfte des Buchweizenmehls dazu geben und zugedeckt an einem warmen Ort gehen lassen.
3. Die Butter bzw. Pflanzenmargarine sehr cremig rühren.
4. Eidotter, Salz, Birkenzucker, Vanillepulver und Rum ebenfalls cremig verrühren.
5. Dampfl, Butterabtrieb, die Eidottermasse und das restliche Mehl (mit dem Pfeilwurzelmehl) am Brett miteinander verkneten und anschließend ca. 15 Minuten gehen lassen.
6. Das Backrohr auf 150° C vorheizen und das Backblech mit Backpapier belegen.
7. Die eingeweichten Früchte und die gehackten Nüsse in den Teig kurz einarbeiten.
8. Den Teig rechteckig ausrollen und an der Längsseite beide Hälften zu einem Stollen zusammenlegen.
9. Ca. 35 bis 40 Minuten backen.
10. Inzwischen die Butter zerlassen und den gemahlenen Birkenzucker auf einem Küchentuch gleichmäßig verteilen.
11. Den Stollen aus dem Backrohr nehmen, sofort mit dem flüssigen Fett bepinseln und anschließend auf dem mit Birkenstaubzucker bestreuten Küchentuch wenden.
12. Abkühlen lassen, nochmals mit Birkenstaubzucker bestreuen und in einer Folie kühl und trocken aufbewahren. Der Weihnachtsstollen hält in Butterbrotpapier eingeschlagen mehrere Tage.

Tipp

Da Hefe für den Gärungsprozess Zucker benötigt, verwende ich bei diesem Rezept ausnahmsweise einen kleinen Teelöffel davon, damit der Stollen auch gelingt!

WISSENSWERTES

1329 beginnt die Geschichte dieses weihnachtlichen Gebäcks: In Naumburg an der Saale gestattete der damalige Bischof allen Bäckern, ihre Kirchensteuer in Form von Stollen zu entrichten.
Der Stollen wurde damals als Fastenbrot für die Adventszeit hergestellt und bestand nur aus Hafer, Mehl und Wasser. Wegen der Fastenzeit und des damit verbunden „Butterverbots" musste er ohne Butter auskommen.
Ende des 15. Jahrhunderts bat der Kurfürst von Sachsen den Papst um Aufhebung dieser Verordnung und dieser erteilte im sogenannten „Butterbrief" seine Erlaubnis.
Seit dieser Zeit verschenkten die Kurfürsten von Sachsen Christstollen in alle Welt und machten so den Christstollen zu einer Dresdner Spezialität.
Die Europäische Kommission hat kürzlich den „Dresdner Christstollen" als regionale Spezialität geschützt.

Zimtsterne

WAS SIE BRAUCHEN:

- 180 g Birkenzucker, gemahlen
- 350 g gemahlene Mandeln (ev. blanchiert)
- 2 TL Zimt
- 2 Eiweiß
- 50 g Kartoffelmehl

GLASUR

- 1 Eiweiß
- 3 EL gem. Birkenzucker
- wenig Zitronensaft

JE NACH GRÖSSE CA. 40 STÜCK

typisch weihnachtlich

... UND WIE'S GEHT:

1. Das Backrohr auf 150° C vorheizen und das Backblech mit Backpapier belegen.
2. Eiklar zu Schnee schlagen und mit den restlichen Zutaten zu einem Teig vermengen.
3. Den Teig zwischen 2 Lagen Backpapier ca. 5 mm dick ausrollen und Sterne ausstechen.
4. Ca. 10–15 Minuten hell backen.
5. Inzwischen die Glasur zubereiten; Eiweiß und Birkenzucker gut verrühren und tropfenweise Zitronensaft beimengen. Die Glasur sollte sehr zäh sein und nicht rinnen.
6. Die Zimtsterne aus dem Backrohr nehmen und noch heiß mit der Birkenzucker-Eiweiß-Glasur bestreichen.
7. Trocknen lassen.

WISSENSWERTES

„Zimtsterne" zählen zum traditionellem Weihnachtsgebäck im gesamten deutschen Sprachraum.

Nach alten Kochbüchern wird das Eiklar – wie im Rezept – zur Lockerung aufgeschlagen und unter den Teig gehoben. Ebenso wird die Glasur aus Eiklar und Zucker (Baiser) aufgeschlagen. Dieses Verfahren ist heute nicht mehr so verbreitet ... aber einen Versuch wert!

Tipp

Zimtsterne werden eigentlich ohne Mehl zubereitet. Da der Birkenzucker aber nicht die Klebefähigkeit wie Haushaltszucker hat, nehme ich immer ein wenig Mehl dazu. Das macht den Teig stabiler und es schmeckt genauso gut!

Zitronenbäumchen

WAS SIE BRAUCHEN:

- 1 Ei
- 1 Dotter
- 50 g Birkenzucker, gemahlen
- 10 g gemahlene Mandeln
- 2 EL Maisstärke
- 5 Tropfen Zitronenöl
- Birkenzucker, gemahlen, zum Ausrollen
- Zitronenglasur
- die fein geschnittenen Schalen einer Bio-Zitrone („Zesten“) zur Dekoration

... UND WIE'S GEHT:

1. Die Eier mit dem Birkenzucker und dem Zitronenöl verrühren.
2. Die Mandeln untermengen und mit der Maisstärke zu einem glatten Teig verkneten.
3. Den Teig gut 2 Stunden kühl rasten lassen.
4. Ein Backblech mit Backpapier belegen. Backofen auf 180° C vorheizen.
5. Auf einem mit Birkenzucker bestreuten Backbrett wird der Teig 3 mm dick ausgerollt, Bäumchen ausgestochen und anschließend ca. 15 Minuten gebacken.
6. Die Zitronenglasur bereiten und die noch warmen Bäumchen damit bestreichen.
7. Aus der Schale der Zitrone ganz feine Zesten schneiden und die Bäumchen damit verzieren.

WISSENSWERTES

Wussten Sie, dass die saure Zitrone als Nahrungsmittel eine stark basische Wirkung hat und deshalb bei Übersäuerung des Körpers große Dienste leistet?

VARIATION:

Aus den Zitronenbäumchen können auch Zitronensterne, Zitronenglocken oder Zitronentaler werden!

Tipp

Anstatt der Zitrone (für Glasur und Zesten) eignet sich auch eine Orange sehr gut!

Zucchini-Taler

WAS SIE BRAUCHEN:

- 1 Ei
- 40 g Birkenzucker, gemahlen
- 40 g Pflanzenmargarine oder Butter
- 40 g Kartoffelstärkemehl
- 30 g Sojaflocken
- 1 TL Backpulver
- 1 TL Kakaopulver
- 1 EL Orangenschalen, fein geschnitten
- ca. 180 g Zucchini (mittelgroße Zucchini)

frisch & leicht

… UND WIE'S GEHT:

1. Ein Backblech mit Backpapier belegen. Backofen auf 180° C vorheizen.
2. Die Margarine bzw. Butter mit dem Birkenzucker schaumig schlagen.
3. Kartoffelstärke mit Backpulver, Sojaflocken und Kakaopulver verrühren und zu der Buttermasse geben.
4. Das Ei zufügen und die Masse gut vermengen.
5. Die Zucchini sehr fein schaben und ebenfalls unter die Masse geben.
6. Mit einem kleinen Löffel wird die Masse in gleichmäßig großen Häufchen am Blech verteilt.
7. Die Größe richtet sich nach der gewünschten Größe der Taler – die Masse läuft beim Backen auseinander!

VARIATION:

Wechseln Sie das Gemüse und nehmen Sie anstatt Zucchini Karotten oder Kürbis…

WISSENSWERTES

Besonders wertvoll macht die Zucchini ihr Gehalt an Kalzium, Magnesium, Eisen, B-Vitaminen, Vitamin A (Provitamin A) und Vitamin C. Zucchini haben mit zirka 19 kcal/100 g sehr wenig Kalorien und sind somit ein leichter, aber vitamin- und mineralstoffreicher Bestandteil der Gemüseküche.

Tipp

Für Gewürz-Fans: Eine Prise Zimt zugeben; Zimt harmoniert mit Zucchini sehr gut. Dieses Gebäck überrascht meine Gäste im Sommer immer wieder, ein fruchtiges, erfrischendes Sommer-Gebäck.

BEZUGSQUELLEN FÜR BACK-ZUTATEN

Regionale Biomärkte und Reformhäuser führen sehr viele Produkte für gluten- und laktosefreies Backen: Getreideersatzprodukte, Soja-, Reis-, Hanf-, Hafer- und Mandeldrinks, alle glutenfreien Bindemittel, Nüsse und Samen, Trockenfrüchte.

FA. SCHLOSS-EULE

Biozertifizierter Versand von Birkenzucker/Xylit-Produkten
www.schloss-eule.com

FA. KIWIKAWA

Versand von „Xucker" Produkten
z. B.: Xylit, Xylit-Schokolade, Xylit-Kakao, Xylit-Gelierzucker
www.xucker.de

QUELLEN:

„Pro Gesundheit – Contra Gluten, die Bedeutung der Gluten- und Vollkornintoleranz in der Integralen Medizin", Axel Bolland
„Dumm wie Brot: Wie Weizen schleichend Ihr Gehirn zerstört", Dr. David Perlmutter
„Weizenwampe: Warum Weizen dick und krank macht", Dr. med. William Davis
„Kursbuch für gesunde Ernährung", Ingeborg Münzig-Ruef
www.zentrum-der-gesundheit.de/getreide.html
www.ncbi.nlm.nih.gov (Studie Knochen Xylit)

www.wikipedia.de
www.naturkost.de
tourismus.nuernberg.de
www.uni-duesseldorf.de
www.hirsebreifahrt.ch
hildegardvonbingen.info

Über die Autorin

Mag. phil. Sabine Perndl, geb. 1971 in Linz, diplomierte Humanenergetikerin, Ausbildung zum Impuls Master Practitioner am Europäischen Forum für Impuls-Strömen (EUFIS).

Arbeitet in der Zahnarztpraxis ihres Mannes als Energetikerin mit den Schwerpunkten Strömen und Ernährung.

Kreative und leidenschaftliche Köchin, Gärtnerin, Töpferin und Genießerin. Verwöhnt ihre Familie und Gäste durch liebevoll und kreativ zusammengestellte „Koch- und Backgenüsse“ mit biologischen Zutaten – vor allem aus dem eigenen Mischkultur-Garten, serviert auf selbst getöpfertem Geschirr.

Beschäftigt sich seit vielen Jahren mit dem Nährwert von natürlichen Nahrungsmitteln und seit fünf Jahren – aus persönlicher Betroffenheit – mit ganzheitlicher Ernährung bei Nahrungsmittelunverträglichkeiten.

freya BUCHTIPPS

Sabine Perndl

Backen ohne Zucker

Gluten- und laktosefrei

„Backen ohne Zucker" zeigt anhand erprobter Rezepte gesunde Alternativen zu Zucker (Glucose) und glutenhaltigem Mehl, besonders Weizenmehl. Die Rezepte für Kuchen, Torten, Schnitten und Brote sind mit wenigen, aber wertvollen Zutaten einfach nachzumachen und schmecken köstlich. Wissenswertes zu den verschiedenen Zutaten und Tipps und praktische Erfahrungen vom Einkaufen über die Zubereitung bis zum Haltbarmachen der Backwaren, runden dieses wertvolle Backbuch ab.

ISBN 978-3-99025-117-1

Siegrid Hirsch

Die besten Wildkräuter-, Obst- & Gemüse-Smoothies

Warum nicht mal einen Salat im Glas servieren? Verwöhnen Sie sich mit der vollen Vitamindosis. Das Buch soll Sie inspirieren, aus dem alltäglichen Gemüse, aus Salat und sogar Wildpflanzen, interessante und wohlschmeckende Smoothies zuzubereiten. In Feld und Garten, auf Wiesen und Bäumen wachsen Vitamin-Wunder. Besonders die Wildkräuter sind echte Pflanzenschätze. Heiße Tipps für coole Drinks, die auch Kindern schmecken. Mit Nährstoffangaben und Kombinationsmöglichkeiten.

ISBN 978-3-902540-92-8

Renée & Bruno Weihsbrodt

Intelligente Ernährung

Lebendige Vitalkost mit Wildkräutern

Bruno Weihsbrodt zeigt, wie man mit Rohkost die Übersäuerung des Körpers vermeidet, Verdauungsstörungen beseitigt und ganz von allein überflüssige Kilos verliert. Mit diesem neuen Wohlbefinden ist ein Mehr an Lebensfreude garantiert. Frisches Obst und Gemüse, kombiniert mit aromatischen Wildkräutern, ist nicht nur schmackhaft, sondern führt dem Körper auch große Mengen der essenziellen Enzyme und Vitamine zu, die beim Kochen zerstört werden. Außerdem kommt Rohkost mit viel weniger Salz aus und hilft so, Herz-Kreislauferkrankungen zu vermeiden.

ISBN 978-3-99025-095-2